一問一答

税理士が知っておきたい

登記 新版
手続き

司法書士法人丸山洋一郎事務所 代表 丸山 洋一郎 ［著］

清文社

改訂にあたって

　令和元年 12 月 10 日に本書の初版が発行されてから現在に至るまでに、司法書士業務に関連する大きな法律の改正がなされました。その中には、司法書士に業務を引き継ぐにあたり税理士の先生方（以下「税理士」とさせていただきます）も知識を習得しておくべきものが含まれています。

　例えば、所有者不明土地の問題を解消するため、令和 3 年 4 月 21 日、「民法等の一部を改正する法律」及び「相続等により取得した土地所有権の国庫への帰属に関する法律」が成立しました。成立した法律の中には、相続の登記を義務化し、義務を怠った場合には 10 万円以下の過料に処せられるという社会的にもインパクトの強い内容も含まれています。

　相続実務に関わることが多い税理士にとって、相続登記の義務化は当然に押さえるべき知識であります。今回の改訂にあたり、「第 3 章　相続登記等の義務化編」を新たに設けてこの法改正の内容を解説しています。

　また、新型コロナウイルスの感染拡大を契機としたテレワーク等の推進及びデジタル時代に向けた規制・制度の見直しの一環として、登記に使用できる電子署名の見直しや押印義務の一部撤廃がなされました。これらの改正については、新たにコラムを設けて解説をしています。

　さらに、読者の便宜のために、【依頼者様用〜必要書類のご案内〜】をPDF ファイルでダウンロードできるようにしました。

　このような法改正や時代の流れの大きな変化の中でも、本書執筆のきっかけとなった、司法書士業務に関する税理士の疑問を解決したいという私の思いは全く変わることはありません。今回の新版も多くの方の力を借りて出来上がりました。本書が再び日本全国の税理士のお役に役に立つことがあれば、こんなに嬉しいことはありません。

　令和 4 年 10 月　　　　　　　　　　　　　司法書士法人丸山洋一郎事務所

　　　　　　　　　　　　　　　　　　　　　　代表　丸山洋一郎

はじめに（初 版）

　筆者は商業登記を専門分野としつつ、不動産登記・成年後見など広く司法書士業務を手がけています。このような業務の関係上、税理士事務所と連携を取り仕事を進める機会が多くあります。その中で、①税理士事務所から受ける質問には一定のパターンがあるということ、②税理士事務所の職員からすると司法書士に直接質問をすることはハードルが高いのではないか、ということに気づきました。

　この気づきをなんらかの形で発表し、司法書士業務に関する税理士事務所の疑問を解決したいと考えていたところ、清文社より執筆のお声をかけていただくことができました。清文社とは『事業承継・相続対策に役立つ家族信託の活用事例』（共著・2016年10月刊）を執筆して以来のご縁です。

　本書は、「序章　本書の使い方」に記載したように、税理士事務所の全ての疑問を解決することを目的にしていません。中小企業の経営者や富裕者層の相談の起点となる税理士が、司法書士に業務を引きつなぐ前に、まずは初動の対応として、大まかな必要書類や司法書士報酬・実費を顧客に伝えることを主眼として作成しました。

　本書を有効に活用するために、是非ともこの序章を一読してから読み進めていただきたいと思います。序章を読み終わった後に適宜必要な章の必要な個所を読んでいただければ、本書の目的は十分に果たされることでしょう。

　このように、本書は税理士と税理士事務所の職員を読者対象としています。また加えて、登記業務への理解を深めたい金融機関の職員や不動産業者の方々の日常の疑問も解決できると考えています。

　最後に、通常の業務に追われてなかなか執筆が進まない中、私に付き合ってくださった清文社の方々には多大なる感謝をしています。

また、税理士の観点から本書の執筆について助言をしてくださった「税理士法人中央総研」の河村誠先生、本書が読みやすくなるように客観的な立場から助言をしてくれた司法書士有資格者の祖父江華子さんは本書をブラッシュアップすることに多大なる貢献をしてくださいました。お二人のご尽力にも感謝申し上げます。

　多くの方の力を借りて本書は出来上がりました。本書が日本全国の税理士の先生方のお役に立つことがあれば、こんなに嬉しいことはありません。

　令和元年 11 月

司法書士　丸山洋一郎

C O N T E N T S

第2節　会社設立

1. 株式会社設立登記について ——————— *24*

2. 合同会社設立登記について ——————— *30*

第3節 **役員変更**

第7節 解散・清算結了

第2節　遺言

第3章 相続登記等の義務化編

第4章 相続以外の不動産登記編

第1節 不動産登記簿の取得方法

第2節 贈与

第3節　売買

※　本書の内容は、令和4年10月1日時点の法令等によっています。

序章

本書の使い方

1. 税理士の方へ

　税理士の先生方（以下「税理士」とさせていただきます）は、税務相談や会計・経理に関する相談を通じて、顧問先の企業から様々な相談を受ける地位にあります。

　また、相続税に関する相談を受ける地位にあるなど、富裕者層の相続相談の起点になるのも税理士であることが多いと思います。

　この中小企業の経営者や富裕者層には、税理士の業務のみならず司法書士の業務も密接に関連します。中小企業の経営者にとっては、商業登記手続きや不動産登記手続きは必ず必要になります。富裕者層の相続手続きにおいても、相続登記が必要になることでしょう。

　しかし、司法書士が会社の顧問業務を受託していることは少なく、また、必ずしも富裕者層と接点があるわけではありません。そのため、司法書士は税理士からの紹介で、中小企業の商業登記業務や富裕者層の相続登記を受託することが多くあります。

　この書籍は、中小企業の経営者や富裕者層の相談の起点となる税理士が、司法書士に業務を引きつなぐ前に、まずは初動の対応として、大まかな必要書類や司法書士報酬・実費を顧客に伝えることを主眼として作成されました。

　最終的には、税理士が紹介をすることで依頼を受ける司法書士が必要書類や見積もりを提示することになりますが、この必要書類や見積もりを提示する間のつなぎとして、大まかな必要書類や司法書士報酬・実費を税理士から先行して伝えることができれば、依頼者は安心しますし、司法書士の迅速な対応につながります。

　「第1章　商業登記編」「第2章　相続・遺言・法定相続情報編」「第3章　相続登記等の義務化編」「第4章　相続以外の不動産登記編」及び「第5章　成年後見編」に掲げた各節は、税理士と司法書士が連携して業

務を行うことが多い典型的な項目を列挙しました。本書を頭から通読する必要はありません。顧客から依頼を受けた事項ごとに各節のＱ＆Ａを読み進めてください。

　節ごとに、【司法書士との連携において注意すること】と【依頼者様用〜必要書類のご案内〜】をまとめてあります。

　【司法書士との連携において注意すること】は、Ｑ＆Ａを踏まえて司法書士に依頼を取りつなぐ上で注意すべきことをまとめています。

　【依頼者様用〜必要書類のご案内〜】は、依頼者との初動の相談の際に使用してください。大まかな必要書類を理解してもらうために、税理士から依頼者にこの部分のコピーを渡してもらうことを目的として作成しました。また、読者の便宜のために、【依頼者様用〜必要書類のご案内〜】はPDFファイルでダウンロードできるようにしてあります。

　本書を有効に活用することで、顧客への初動の対応を迅速にするとともに、司法書士につなぐまでのとりあえずの総論の説明をできるようにしていただきたいと思います。

　なお、司法書士法第73条は、司法書士でない者が、他人から依頼を受けて登記申請手続きの代理や申請書類の作成を行うことを禁止しています。本書は、司法書士業務の典型事例について司法書士につなぐためのその初動を援助する目的で作成しています。

　事案の内容に踏み込みすぎて、個別具体的な助言をすると司法書士法に違反する可能性があります。その点だけはご注意していただけるようお願いいたします。

2.　税理士事務所職員の方へ

　士業同士の交流会や共同で業務を受託する中で、税理士と司法書士は面識を持ち、その仲を深めていくことが多くあります。しかし、税理士事務所の職員と司法書士が面識を持つ機会は限られています。

税理士事務所の職員からすると、司法書士に直接司法書士業務の質問をすることはハードルが高いと考えるかもしれません。仮に質問をしたとしても、納得のいくまで質問をしにくい事情も想像できます。税理士事務所の職員と司法書士は一般的に仲を深めにくいと想像します。このような状況があるにも関わらず、中小企業の経営者からすると、担当の税理士事務所職員を第一の相談相手としている場合もあります。

　このミスマッチングを解消するために、本書を活用していただきたいと思います。章ごとに掲げた各節は、税理士と司法書士が連携して業務を行うことが多い典型的な項目を列挙しました。各節のＱ＆Ａを読み進めれば、税理士事務所職員が典型的な司法書士業務を理解する一助となるはずです。

　節ごとにまとめた【司法書士との連携において注意すること】と【依頼者様用〜必要書類のご案内〜】についても、税理士と同様に活用してください。

　【司法書士との連携において注意すること】は、Ｑ＆Ａを踏まえて司法書士に依頼を取りつなぐ上で注意すべきことをまとめています。

　【依頼者様用〜必要書類のご案内〜】は、依頼者との初動の相談の際に使用してください。大まかな必要書類を説明するために、税理士事務所職員から依頼者にこの部分のコピーを渡してもらうことを目的として作成しました。また、読者の便宜のために、【依頼者様用〜必要書類のご案内〜】はPDFファイルでダウンロードできるようにしてあります。

　司法書士法第73条違反とならないように注意することは、税理士事務所職員も同様です。個別具体的な回答はしないようにお気をつけください。

3. 本書の目的

　「1. 税理士の方へ」「2. 税理士事務所職員の方へ」にまとめたように、

本書は、税理士や税理士事務所の職員が個別具体的に司法書士業務の内容について回答することを目的としていません。あくまで顧客から質問を受けた場合に「一般論としてはこういうことが多い」と回答できるようにすること、そのことで顧客の安心感を得ること、そして事後の司法書士への連携をスムーズにすることを狙いとします。

　法律用語の使用方法や必要書類の案内については、正確性よりもわかりやすさを重視していることを注記しておきます。

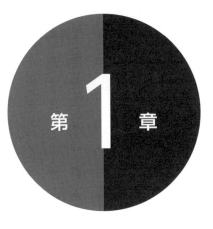

第1章

商業登記編

商業登記簿・印鑑証明書の取得方法

　税理士が、顧客から会社の登記簿の取得方法について質問を受けることがあると思います。例えば、顧客が金融機関から融資を受ける場合、補助金の申請をしたい場合、銀行口座を開設したい場合に法人登記簿が必要となり、その取得方法を質問されるケースなどが考えられます。

　また、取引先との契約書類に会社実印を押印する必要があるときに、会社の印鑑証明書の提出を求められることがあり、その取得方法を質問されるケースも考えられます。

　第 1 節では、会社の登記簿及び印鑑証明書の取得方法に関して税理士や税理士事務所職員からよくいただく質問とその回答を、以下の Q & A にまとめました。

1. 会社の登記簿の取得方法

登記簿、登記簿謄本、登記事項証明書等、いろいろな言い方があるようです。全て同一のものを指すのでしょうか？

Ａ　誤解を恐れずに言うならば、全て同一のものを指すと回答します。

　昔は、登記簿謄本と呼ばれていたものが、現在では、登記事項証明書という呼び名に変わっています。正式名称に変更があったが従前の慣習を重視して、今でも登記事項証明書のことを便宜上登記簿や登記簿謄本と呼ぶことがあります。そのため、呼称が複数あるような印象を与えています。

　なお、登記事項証明書にはいくつか種類がありますが、一般的には、全部事項証明書のうちの、履歴事項証明書を取得しておけば問題ありません。

次ページのような、登記事項証明書等の交付請求書（法務局の窓口又は法務局のホームページで入手できます）を法務局の窓口に提出します。☑ボックスを入れる箇所を参照してください。通常は、次ページの記載例のようにチェックを入れて申請すれば足ります。

Q 1-2 登記簿を取得する場合に必要な持ち物はありますか？

A 　法務局で登記簿を取得する際に、必要な持ち物は特にありません（身分証明書なども不要）。

　登記簿1通につき金600円の手数料（枚数過多の場合は手数料が増えます）が必要となります。通常は収入印紙で納付します。収入印紙は法務局の窓口で購入できます。

　自社の登記簿を取得する際には、申請書に記載する会社の商号・本店（法人の名称・事務所）が不明ということは起こらないと思います。他社の登記簿を取得する際には、会社の商号・本店（法人の名称・事務所）のメモ書きを持参すると良いでしょう。

　ホームページや名刺に記載してある本店所在地と登記上の本店所在地は異なることがあります。その際は、法務局の職員と相談の上登記簿の取得をすると良いでしょう。

【登記事項証明書等の交付申請書の記載例】

会社法人用	登 記 事 項 証 明 書 登 記 簿 謄 抄 本 交付申請書 概 要 記 録 事 項 証 明 書

※ 太枠の中に書いてください。

（地方）法務局　　　支局・出張所　　　　　　　年　　月　　日 申請

窓口に来られた人 （申 請 人）	住　所	東京都千代田区九段南一丁目1番15号	収入印紙欄
	フリガナ	コウノ タロウ	
	氏　名	甲 野 太 郎	
商号・名称 （会社等の名前）		法 務 商 事 株 式 会 社	収　入 印　紙
本店・主たる事務所 （会社等の住所）		東京都千代田区霞ヶ関一丁目1番1号	
会社法人等番号		0 1 0 1 - 0 1 - 0 0 0 0 0 1 ←	収　入 印　紙

※　必要なものの□にレ印をつけてください。　　　　　※分かっている場合には、記載してください

請　　　　求　　　　事　　　　項	請求通数	
①全部事項証明書（謄本） ☑ 履歴事項証明書（閉鎖されていない登記事項の証明） ※現在効力がある登記事項に加えて、当該証明書の交付の請求があった日の3年前の日の 　属する年の1月1日から請求があった日までの間に抹消された事項等を記載したものです。 □ 現在事項証明書（現在効力がある登記事項の証明） □ 閉鎖事項証明書（閉鎖された登記事項の証明） ※当該証明書の交付の請求があった日の3年前の属する年の1月1日よりも前に 　抹消された事項等を記載したものです。	1　通	収入印紙は割印をしないでここに貼ってください。
②一部事項証明書（抄本） □ 履歴事項証明書 □ 現在事項証明書 □ 閉鎖事項証明書 ※ 商 号・名 称 区 及 び 　会 社・法 人 状 態 区 　は ど の 請 求 に も 　表 示 さ れ ま す 。	※ 必要な区を選んでください。 □ 株式・資本区 □ 目的区 □ 役員区 □ 支配人・代理人区 ※2名以上の支配人・参事等がいる場合で、その一部の者のみを請求すると きは、その支配人・参事等の氏名を記載してください。 （氏名　　　　　　　　　　　） □ その他（　　　　　　　　　）	通
③□代表者事項証明書　　　（代表権のある者の証明） ※2名以上の代表者がいる場合で、その一部の者の証明のみを請求するとき は、その代表者の氏名を記載してください。（氏名　　　　　　　　　　）	通
④コンピュータ化以前の閉鎖登記簿の謄抄本 □ コンピュータ化に伴う閉鎖登記簿謄本 □ 閉鎖謄本（　　　年　　月　　日閉鎖） □ 閉鎖役員欄（　　　年　　月　　日閉鎖） □ その他（　　　　　　　　　　　　　　）	通
⑤概要記録事項証明書 □ 現在事項証明書（動産譲渡登記事項概要ファイル） □ 現在事項証明書（債権譲渡登記事項概要ファイル） □ 閉鎖事項証明書（動産譲渡登記事項概要ファイル） □ 閉鎖事項証明書（債権譲渡登記事項概要ファイル） ※請求された登記記録がない場合には、記録されている事項がない旨の証明書が発行されます。	通

収入印紙は割印をしないでここに貼ってください。
（登記印紙も使用可能）

交 付 通 数	交 付 枚 数	手　数　料	受付・交付 年 月 日

（乙号・6）

Q 1-3 他社の登記簿を取得することはできますか？

A 他社の登記簿の取得も問題なくできます。会社・法人の登記簿は、誰でも、所定の手数料を納付すれば、その交付の請求をすることができます。

Q 1-4 遠方の会社・法人の登記簿を、近隣の法務局で発行請求することはできますか？

A できます。法務局間は商業・法人登記情報交換システムにより接続されており、最寄りの法務局から他の法務局管轄の会社・法人の登記簿を取得することもできます。

このシステムにより、遠方の管轄の法務局ではなく、近隣の法務局で登記簿を取得することができます（例えば、名古屋の会社・法人の登記簿を、東京の法務局で取得することができます）。

※　なお、「登記所」と「法務局」は表現が異なりますが同じ意味です。

Q 1-5 法務局に足を運ばなくとも、インターネットで登記簿（履歴事項証明書）の交付請求をすることができると聞きましたが本当でしょうか？

A 本当です。「オンラインによる登記事項証明書及び印鑑証明書の交付請求について（商業・法人関係）」と検索し、法務省のホームページを確認してください。

登記・供託オンライン申請システムを利用しインターネットで登記簿（履歴事項証明書）の交付申請をすることができます。オンラインによる交付請求の方法による場合、登記簿（履歴事項証明書）の交付手数料は、次のとおりです。

※　法務局の窓口で書面申請する手数料金 600 円よりも安価です。

- オンラインで請求した登記簿（履歴事項証明書）を指定した法務局の窓口で受け取る場合：1 通当たり 480 円
- オンラインで請求した登記簿（履歴事項証明書）を請求した法務局から送付して受け取る場合：1 通当たり 500 円

Q1-6 登記情報提供サービスという言葉を聞きました。登記簿と登記情報提供サービスの違いを教えてください。

A　一般財団法人民事法務協会が運営している「登記情報提供サービス」では、登記所が保有する登記情報をインターネット経由にてパソコンの画面上で確認を行うことができます。登記情報は PDF ファイルで提供されます。

登記情報提供サービスが提供する登記情報は、利用者が請求した時点において登記所が保有する登記情報と同じ最新の情報です。しかし、登記情報提供サービスは、登記簿とは異なり、証明文や公印等は付加されません。そのため、印刷された「登記情報」には法的な証明力はありません。

利用方法としては、①クレジットカードの即時決済による一時利用の方式、②申込手続きを行い、利用者登録を行った上で利用する登録利用の方式があります。税理士事務所でも問題なく申し込み可能です。ご興味のある方はまずは即時決済方式でご利用をしてみてください。

なお、令和4年10月1日から、登記情報提供サービスの利用時間が拡大されることになりました。

登記情報	令和4年9月30日まで	令和4年10月1日から
登記記録の全部の情報 （不動産、商業・法人）	平　日 　8時30分から21時まで	平　日 　8時30分から23時まで 土日祝日 　8時30分から18時まで
所有者事項の情報 （不動産）	同　上	同　上
登記事項概要ファイルの 情報（動産譲渡、債権譲渡）	同　上	同　上
地図及び図面が記録された たファイルの情報	同　上	平　日 　8時30分から21時まで

　※　以下に該当する場合は利用できませんので、注意が必要です。
　　・登記情報提供サービスを利用することができない日としてあらかじめ登記情報提供サービスのホームページに掲載された日
　　・年末年始（12月29日から1月3日まで）
〈出典〉法務省ホームページ「登記情報提供制度の概要について」（一部改変）

 登記簿図書館という言葉を聞きました。登記情報提供サービスとの違いを教えてください。

Ａ　一般財団法人民事法務協会は、電気通信回線による登記情報の提供に関する法律第4条第1項の業務を行う者（指定法人）として、登記情報を提供しています。登記簿図書館も同じく民間団体が行うサービスですが、登記情報提供サービスのように法律の指定に基づく業者が行うサービスではありません。

「登記簿図書館」では、インターネット登記情報サービスを登記簿図書館サーバー経由で取得することにより、一度取得した登記情報を登記簿図書館サーバーに蓄積し登記簿図書館会員同士で相互利用できるようにしています。登記簿図書館サーバーに蓄積され、登記簿図書館会員同士で相互利用することにより、最新の登記情報ではありませんが、新規に法務局で登記情報を取得するよりも低価格（登記情報提供サービスでは、332円のところ登記簿図書館では308円）で利用することができます。

　また、新しい登記情報が必要な方は、登記簿図書館経由で登記情報提供サービスから登記情報を取得し、登記簿図書館サーバーに蓄積させることを条件に、より安く（登記情報提供サービス332円のところ登記簿図書館331円。1円お得である）登記情報を利用することが可能です。

　その他、不動産登記情報が個人名や会社名から検索できる「名寄せ機能」や登記変動を監視するサービスである「登記見張り番」やブルーマップから登記情報が取得できる「JTNマップ」などのサービスも登記簿図書館は提供しています。

　税理士事務所が申し込みをするならば、登記情報提供サービスよりも登記簿図書館のほうが安くて便利だと思います。ご興味のある方は「登記簿図書館」と検索し、利用申し込みをしてみてください。

2. 会社の印鑑証明書の取得方法

 会社の印鑑証明書を取得する場合に必要な持ち物はありますか？

A 法務局で印鑑証明書を取得する際には、印鑑カードが必要になります。印鑑証明書1通につき金450円の手数料が必要となります。通常は収入印紙で納付します。収入印紙は法務局の窓口で購入できます。

　このように、印鑑証明書の交付を請求するには、事前に法務局で印鑑カードの交付を受けている必要があります。印鑑カードの交付請求をするには、所定の申請書に、所要事項を記載し、法務局に提出している印鑑を押印して、法務局の窓口に提出してください。

　代理人によって印鑑カードの交付申請をするときは、委任状の添付が必要（同一の用紙中に委任状が付いています）になります。

【印鑑カードの見本】

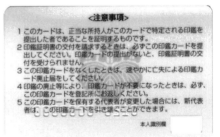

〈出典〉法務省ホームページ

代理人が印鑑証明書の請求をすることもできますか？
例えば、会社の代表者に代わり税理士事務所の職員が
印鑑証明書の取得をすることはできますか？

A 代理人によって印鑑証明書の請求をすることはできます。代理人により交付請求をするには、代理人が法務局に印鑑カードの提示をする必要があります（ただし、委任状の添付は必要ありません。印鑑カードを提示できている事実が委任を受けている証明になるということです）。

　このように、税理士事務所の職員が法人の代表者から委任を受けて会社の印鑑証明書の取得をすることができます。

　印鑑カードとともに、もちろん印鑑証明書交付申請書も提出する必要があります。印鑑証明書交付申請書には、印鑑提出をしている会社の代表者の「生年月日」の記載が必要となります。会社の代表者の「生年月日」の確認をしておかないと、印鑑カードを持参しても申請書の記載ができないのでご注意ください。

 法務局の窓口にあるタッチパネル方式の証明書発行請求機が便利だと聞いたことがあります。証明書発行請求機について教えてください。

A 法務局の窓口にタッチパネル方式の証明書発行請求機が設置されている場合には、これを操作することにより、直接法務局の窓口に登記簿や印鑑証明書を請求することができます（19 ページ参照）。その場合には、書面で登記簿や印鑑証明書の交付申請書を記載していただく必要はありません。

【印鑑カード交付申請書の記載例】

印鑑カード交付申請書

※ 太枠の中に書いてください。

（地方）法務局	支局・出張所	年 月 日 申請

照合印

（注1） 登記所に提出した 印鑑の押印欄 （印鑑は鮮明に押印してください。）	商号・名称	**法務商事株式会社**
	本店・主たる事務所	**東京都千代田区霞ヶ関一丁目1番1号**
	印鑑提出者 資格	代表取締役・取締役・代表社員・代表理事・理事・支配人 （　　　　　　　　　　　　　　　　　　　　　）
	氏　名	**法務太郎**
	生年月日	大・昭・平・西暦 50 年 8 月 13 日生
	会社法人等番号	**0101-01-000001**

申　請　人（注2）　☑ 印鑑提出者本人　□ 代理人

住　所	東京都千代田区九段南一丁目1番15号	連絡先	☑勤務先　□自宅 □携帯番号
フリガナ 氏　名	ホウム タロウ 法務　太郎		電話番号 **03-3580-4111**

委　任　状

私は，(住所)

　　(氏名)

を代理人と定め，印鑑カードの交付申請及び受領の権限を委任します。

　　　年　　月　　日

住　所

氏　名　　　　　　　　　　　　　　　　印 （登記所に提出した印鑑）

(注1)　押印欄には，登記所に提出した印鑑を押印してください。
(注2)　該当する□にレ印をつけてください。代理人の場合は，代理人の住所・氏名を記載してください。その場合は，委任状に所要事項を記載し，登記所に提出した印鑑を押印してください。

交　付　年　月　日	印　鑑　カ　ー　ド　番　号	担当者印	受領印又は署名

(乙号・9)

【印鑑証明書交付申請書の記載例】

会社法人用	印鑑証明書交付申請書

※ 太枠の中に書いてください。

（地方）法務局　　　支局・出張所　　　　　年　月　日　申請

商号・名称 （会社等の名前）	法務商事株式会社	収入印紙欄
本店・主たる事務所 （会社等の住所）	東京都千代田区霞ヶ関一丁目1番1号	収　入 印　紙
支配人・参事等を置いた営業所又は事務所		
印鑑提出 資　格	代表取締役・取締役・代表社員・代表理事・理事・支配人 （　　　　　　　　　　　　）	収　入 印　紙
氏　名	法　務　太　郎	
生年月日	大・昭・平・西暦　　50年　8月　13日生	
印鑑カード番号	0101－0000001	収入印紙は割印をしないでここに貼ってください。
請求通数	1通	（登記印紙も使用可能）

窓口に来られた人（申請人）※いずれかの□にレ印をつけ，代理人の場合は住所・氏名を記載してください。

☑　印鑑提出者本人
□　代理人

住　所

フリガナ
氏　名

※代理人の場合でも委任状は必要ありません。

※必ず印鑑カードを添えて申請してください。

交付通数	整理番号	手数料	受付・交付年月日

（乙号・11）

【証明書発行請求機 登記事項証明書等の請求の流れ】

① 請求情報の入力

画面の案内に従い、**請求情報の入力**を行います。

※ 印鑑証明書の請求の場合には、この端末に印鑑カードを挿入し生年月日を入力する必要があります。生年月日の入力の際には、元号で登録されている方は元号選択を行ってください。

※ 会社・法人等の登記事項証明書について、この端末に印鑑カードを挿入し生年月日を入力すると、請求情報の入力を省略することができます。

② 整理番号票の受領

整理番号票

整理番号：○○○○○○
手数料：600円

＊＊＊＊＊＊＊＊＊＊＊

請求内容と手数料を確認後、お名前を入力してください。**整理番号票**が発行されますので、お受け取りください。

③ 収入印紙の購入

整理番号票に記載された手数料額相当の**収入印紙（又は登記印紙）**を用意して、待合室でお待ちください。

④ 証明書の受領

お名前を呼ばれましたら、整理番号票と引換えに**申請用紙を受領**して、**収入印紙（又は登記印紙）を貼って提出**してください。
その場で証明書をお渡しします。

※ 印鑑証明書を請求された場合には、**印鑑カードの提示**も必要になります。

ご注意ください。

1．会社・法人の証明書の請求手続は、一つの会社・法人ごとに行ってください。
2．同一の証明書は10通まで請求できます。
3．動産・債権譲渡登記概要記録事項証明書については、この端末から請求を行うことができません。
4．証明書の枚数が20枚を超える場合等には、この端末から請求を行うことができませんので、請求書を作成し、窓口に提出してください。その他操作についてご不明な点は、職員にお問い合わせください。

〈出典〉法務省ホームページ

 管轄の法務局以外で会社・法人の印鑑証明書の発行請求をすることができますか？

A できます。印鑑カードを提示し交付申請書を提出すれば全国どこの法務局でも会社・法人の印鑑証明書の発行請求をすることができます。

 法務局に足を運ばなくとも、インターネットで印鑑証明書の交付請求をすることができると聞きましたが本当でしょうか？

A 本当です。ただし、申請人が、印鑑証明書の請求を登記・供託オンライン申請システムに送信する際に、電子署名に係る電子証明書を送信する必要があります。すなわち、電子署名に係る電子証明書の取得をしていないとインターネットで印鑑証明書の交付請求をすることができません。

　この場合の印鑑提出者の電子証明書とは、原則として電子認証登記所の電子証明書となります。電子認証登記所の電子証明書は、管轄の法務局で取得することができます。

　詳細は、「商業登記に基づく電子認証制度」と検索し法務省のホームページでご確認ください。

【司法書士との連携において注意すること】

　自社の登記簿や印鑑証明書を取得することは、通常は会社単独で可能です。これに対して、理由があって他社の登記簿を取得する必要がある場合には、会社単独での対応が難しいこともあります。

　例えば、名刺やホームページ上の本店所在地が登記簿上の本店所在地と異なる場合、法人名に外字が含まれているため取得する者の認識と正式な法人名に微妙にずれがある場合などが考えられます。その場合は、法務局に相談するか司法書士に依頼をして取得してもらったほうが早いでしょう。

依頼者様用 ～必要書類のご案内～

●登記簿（履歴事項証明書）を取得する際に、用意していただく必要のある書類

	書類名	取得先	確認
①	法務局で登記簿（履歴事項証明書）を取得する際に、必要な持ち物は特にありません。強いて言うならば、会社の商号・本店（法人の名称・事務所）のメモ書きがあると良いです。	―	☐

●法人の印鑑証明書を取得する際に、用意していただく必要のある書類

	書類名	取得先	確認
①	法人の印鑑カード	会社	☐
②	印鑑を提出している会社の代表者の「氏名」及び「生年月日」のメモ書き	会社	☐

→依頼者様への配布資料として PDF（1ページ）もご活用ください。
https://www.skattsei.co.jp/topics/zeirishi_touki/check

商業・法人登記手続きについての押印規定の見直し

　新型コロナウイルスの感染拡大を契機としたテレワーク等の推進及びデジタル時代に向けた規制・制度見直しの一環として、押印の見直しが進められました。商業・法人登記手続きについても押印規定の見直しがされています。そのため、株主総会議事録、就任承諾書、辞任届（一定の場合を除く）やいわゆる株主リストについても押印なしに登記用の添付書面として申請書に添付することができるようになりました。

　詳細は、「申請書、各添付書面等の押印の要否について（商業・法人登記）」というキーワードを検索の上で、法務省のホームページをご確認ください。

　このように押印規定が見直された現状でも、特段の理由がない限りは、司法書士から会社側に押印の依頼をするのが通常です。法務局に提出した株主総会議事録について、会社側から確認した覚えがないなどと言われないようにするためです。

会社設立

　税理士の顧客が法人成りをする場合や、顧客が子会社を設立する場合など、税理士が法人設立に関わる機会は多々あります。

　税理士が①的確な必要事項のヒアリング、②必要書類の事前案内をしておくと、司法書士が顧客と打ち合わせをする際に事務処理のスピードが速まります。

　第2節では、会社設立に関して税理士や税理士事務所職員からよくいただく質問とその回答を、以下のQ&Aにまとめました。

1.　株式会社設立登記について

 株式会社設立登記の必要書類を教えてください。

 以下の書類が必要になります。

- ・発起人（株主）の印鑑証明書（3か月以内）
- ・発起人が法人である場合、法人の登記簿（履歴事項証明書）（3か月以内）
- ・取締役の個人の印鑑証明書（3か月以内）
- ・監査役（がいる場合）の住民票
- ・発起人の口座に資本金相当額を入金した通帳（入金のタイミングは司法書士の指示待ち）
- ・新設会社の印鑑

<参考>
・定款認証にあたり、実質的支配者となるべき者の申告制度が平成 30 年 11 月 30 日より始まりました。実質的支配者の確認資料については担当する司法書士からの指示を待ち揃えてもらってください。実質的支配者については、Q1-18 を参照してください。

 株式会社設立登記においてヒアリングすべき事項を教えてください。

A　登記事項及び定款記載事項を確定していく必要があります。以下の事項を決める必要があると頭に入れておいてください。

・商号
・本店所在地
・公告をする方法
・事業目的
・資本金　→　税理士から積極的に助言をしていただきたい事項です。
・発行済株式数
・発行可能株式総数
・株式の譲渡制限に関する規定
・役員（取締役及び監査役）
・株主
・事業年度　→　税理士から積極的に助言をしていただきたい事項です。

Q 1-15 株式会社設立にあたり、実費（定款認証手数料・登録免許税等）はどのように計算するのでしょうか？

A 登録免許税や定款認証の費用（公証人の手数料【1件3～5万円】及び定款に貼付する印紙【通常は電子認証をするため不要】等）等が実費に当たります。

　上記の公証人の手数料は、令和4年1月1日から改定されました。起業の促進のために一律5万円だったものを、設立時の資本金の額が100万円未満のものについては3万円に、100万円以上300万円未満のものは4万円に、その他の場合は5万円に改定されています。

　登録免許税は、資本金の額×税率1,000分の7ですが、15万円に満たない場合は15万円となります。

　公証人手数料と登録免許税の合計18～20万円程度、その他登記簿や印鑑証明書の取得で5,000円程度、多めに見積もると、合計21万円程度が実費となります。

　最後に、税理士が顧客に会社設立費用の実費を案内する際には、公証人手数料の改定の説明を失念しないようにご注意ください。筆者の経験では、上記改定をご案内した結果、設立時の資本金を99万円にされる方がちらほらいらっしゃいました。

Q 1-16 株式会社設立登記の報酬の目安を教えてください。

A 平成30年1月に実施された日本司法書士会連合会のアンケート結果をご確認ください。

	低額者 10％の平均	全体の平均値	高額者 10％の平均
北海道地区	58,500 円	98,172 円	165,600 円
東北地区	57,514 円	102,399 円	199,173 円
関東地区	51,220 円	99,611 円	172,877 円
中部地区	60,448 円	100,304 円	165,497 円
近畿地区	58,605 円	106,880 円	172,813 円
中国地区	61,782 円	102,486 円	164,667 円
四国地区	71,667 円	108,525 円	171,750 円
九州地区	56,282 円	103,635 円	175,300 円

〈出典〉日本司法書士会連合会ホームページ「報酬アンケート結果（平成 30 年 1 月実施）」

　上記の表は、発起人 2 名、資本金の額 500 万円の株式会社の発起設立による設立登記手続きの代理業務を受任し、定款、議事録、その他証明書等の全ての書類（登記に必要な書類）を作成し、定款認証手続き及び登記申請の代理をした場合を前提として地域ごとのアンケート結果をまとめたものです。

※　なお、アンケート結果の報酬はあくまでも参考例であり、相場を示しているものではありません。報酬は、最終的には司法書士と依頼者との契約によるもので、報酬基準等はありません。

 株式会社設立費用の総額の目安を教えてください。

 Q1-15 の実費と Q1-16 の報酬を合計して算出してください。

Q1-18 定款認証にあたり、実質的支配者となるべき者の申告制度が平成30年11月30日より始まったと聞きました。この制度について教えてください。

A 公証人法施行規則の一部が改正され、株式会社、一般社団法人、一般財団法人の定款認証の嘱託人は、法人成立の時に実質的支配者となるべき者について、その氏名、住居及び生年月日等と、その者が暴力団員及び国際テロリスト（以下「暴力団員等」とします）に該当するか否かを公証人に申告する必要があります。

　法人の実質的支配者を把握することにより、法人の透明性を高め、暴力団員等による法人の不正使用（マネーロンダリング、テロ資金供与等）を抑止することが国内外から求められていることを踏まえての措置となります。申告された実質的支配者となるべき者が暴力団員等に該当し、または該当するおそれがあると認められる場合には、嘱託人又は実質的支配者となるべき者は、申告内容等に関し公証人に必要な説明をする必要があります。

　説明があっても、暴力団員等に該当する者が実質的支配者であり、その法人の設立行為に違法性があると認められる場合には、公証人は認証を拒否することができます。次ページ**【実質的支配者となるべき者の申告書（株式会社用）】**の例をご参照ください。

【実質的支配者となるべき者の申告書（株式会社用）】

実質的支配者となるべき者の申告書（株式会社用）

(公証役場名)

認証担当公証人 _____ 殿

（商号）

の成立時に実質的支配者となるべき者の本人特定事項等及び暴力団員等該当性について、以下のとおり、申告する。

令和　　年　　月　　日

■ 嘱託人住所

■ 嘱託人氏名（記名又は署名）

実質的支配者となるべき者の該当事由（①から④までのいずれかの左側の□内に✔印を付してください。）（※1）

□ ❶ 設立する会社の議決権の総数その50％を超える議決権を直接又は間接に有する自然人となるべき者（この者が当該会社の事業経営を実質的に支配する意思又は能力がないことが明らかな場合を除く。）：犯罪による収益の移転防止に関する法律施行規則（以下「犯収法施行規則」という。）11条2項1号参照

□ ❷ ❶に該当する者がいない場合は、設立する会社の議決権の総数の25％を超える議決権を直接又は間接に有する自然人となるべき者（この者が当該会社の事業経営を実質的に支配する意思又は能力がないことが明らかな場合又は他の者が設立する会社の議決権の総数の50％を超える議決権を直接又は間接に有する場合を除く。）：犯収法施行規則11条2項1号参照

□ ❸ ❶及び❷のいずれにも該当する者がいない場合は、出資、融資、取引その他の関係を通じて、設立する会社の事業活動に支配的な影響力を有する自然人となるべき者：犯収法施行規則11条2項2号参照

□ ❹ ❶、❷及び❸のいずれにも該当する者がいない場合は、設立する会社を代表し、その業務を執行する自然人となるべき者：犯収法施行規則11条2項4号参照

実質的支配者となるべき者の本人特定事項等（※2、※3）　／　暴力団員等該当性（※4）

住居		国籍等	日本・その他（※5）（　　　　　）	性別	男・女（※6）	（暴力団員等に）
		生年月日	（昭和・平成・西暦）　年　月　日生	議決権割合	％（※7）	該当
氏名	フリガナ	実質的支配者該当性の根拠資料	定款・定款以外の資料・なし（※8）			・ 非該当
住居		国籍等	日本・その他（※5）（　　　　　）	性別	男・女（※6）	（暴力団員等に）
		生年月日	（昭和・平成・西暦）　年　月　日生	議決権割合	％（※7）	該当
氏名	フリガナ	実質的支配者該当性の根拠資料	定款・定款以外の資料・なし（※8）			・ 非該当
住居		国籍等	日本・その他（※5）（　　　　　）	性別	男・女（※6）	（暴力団員等に）
		生年月日	（昭和・平成・西暦）　年　月　日生	議決権割合	％（※7）	該当
氏名	フリガナ	実質的支配者該当性の根拠資料	定款・定款以外の資料・なし（※8）			・ 非該当

※1　❶の50％及び❷の25％の計算は、次に掲げる割合を合計した割合により行う（犯収法施行規則11条3項）。
　(1)　当該自然人が有する当該会社の議決権が当該会社の議決権の総数に占める割合
　(2)　当該支配法人（当該自然人がその議決権の総数の50％を超える議決権を有する法人をいう。この場合において、当該自然人及びその一若しくは二以上の支配法人又は当該自然人の一若しくは二以上の支配法人が議決権の総数の50％を超える議決権を有する他の法人は、当該自然人の支配法人とみなす。）が有する当該会社の議決権が当該会社の議決権の総数に占める割合
※2　「住居、氏名」欄には、❶の場合は、該当する者1名を記載し、❷から❹までの場合は、該当者全員を記載する。
※3　「国籍等」欄は、日本国籍の場合は「日本」を○で囲み、日本国籍を有しない場合は「その他」を○で囲んで具体的な国名等を（　）内に記載する。
※4　「実質的支配者となるべき者が暴力団員（暴力団員による不当な行為の防止等に関する法律2条6号）又は国際テロリスト（国際テロリスト（国際連合安全保障理事会決議第1267号等を踏まえ我が国が実施する国際テロリストの財産の凍結等に関する特別措置法第3条第1項の規定により公告された者若しくは同法第4条第1項の規定による指定を受けている者）である場合は、「暴力団員等該当性」欄の「非該当」を○で囲み、いずれかに該当する場合は、「該当」を○で囲む。なお、該当する選択肢を○で囲むことに代えて、実質的支配者となるべき者が作成したその旨の表明保証書面を提出することも可能である。
※5　「国籍等」欄は、日本国籍の場合は「日本」を○で囲み、日本国籍を有しない場合は「その他」を○で囲んで具体的な国名等を（　）内に記載する。
※6　「性別」欄は、該当するものを○で囲む。
※7　「議決権割合」欄は、❶及び❷の場合のみ記載する。
※8　「実質的支配者該当性の根拠資料」欄は、該当するものを○で囲み、定款以外の資料がある場合には、その原本又は写しを添付する。また、実質的支配者となるべき者の本人特定事項等が明らかになる資料も添付する（自然人の場合には、運転免許証、旅券、個人番号カード（マイナンバーカード）、在留カード等の写し等、法人の場合には、全部事項証明書及び印鑑証明書の原本又は写し）。

実質的支配者となるべき者が3名を超える場合は、更に申告書を用いて記入してください。

〈出典〉日本公証人連合会ホームページ

2. 合同会社設立登記について

 合同会社の特徴を教えてください。

 合同会社の特徴としては、

・設立にかかるコストが安い

・出資者全員の合意の上で、利益の配分を自由に決められる

・決算の公表義務がない

・現物出資規制の不存在

・大会社規制の不存在

などが挙げられます。

　合同会社は、個人事業から法人成りをする場合や、家族経営で行う様々なスモールビジネス（デザイナー、プログラマー、セミナー業等）を行うのに向いています。

　そのため上記メリットのうち、設立にかかるコストが安いことを決め手に合同会社の設立を選択するケースが筆者の周りでは多いです。

　※　合同会社は、社員1人で設立することができます。

【設立時の実費コスト比較】（Q1-15、Q1-16、Q1-22、Q1-23 を参照すること）

	登録免許税	定款認証	合計
株式会社	最低 15 万円	3～5 万円程度	20 万円程度
合同会社	最低 6 万円	公証人の認証不要	6 万円程度

※　電子定款を前提にしているので、定款貼付印紙（金 4 万円）については含めていません。

 **合同会社設立登記の必要書類を教えてください。**

 以下の書類が必要になります。

- 合同会社の社員の印鑑証明書（3か月以内）
- 合同会社の社員が法人である場合、法人の登記簿（履歴事項証明書）（3か月以内）
- 職務執行者を選任する場合、職務執行者の住民票
- 社員の口座に資本金相当額を入金した通帳（入金のタイミングは司法書士の指示待ち）→ 通帳は不要と判断する司法書士もいます。
- 新設会社の印鑑

 合同会社設立登記において、ヒアリングすべき事項を教えてください。

 登記事項及び定款記載事項を確定していく必要があります。以下の事項を決める必要があると頭に入れておいてください。

- 商号
- 本店所在地
- 公告をする方法
- 事業目的
- 資本金 → 税理士から積極的に助言をしていただきたい事項です。
- 社員
- 業務執行社員
- 代表社員

・事業年度 → 税理士から積極的に助言をしていただきたい事項です。

Q 1-22 合同会社設立にあたり、実費（登録免許税等）はどのように計算するのでしょうか？

A 登録免許税等が実費に当たります。公証役場での定款認証は不要ですので公証役場での実費はかかりません。登録免許税は、資本金の額×税率1,000分の7ですが、この額が6万円に満たない場合には、6万円になります。また、100円未満の端数があるときは、その端数金額は切り捨てます。

その他登記簿や印鑑証明書の取得で5,000円程度ですから、多めに見積もると、合計7万円程度が実費となります。

Q 1-23 合同会社設立登記の報酬の目安を教えてください。

A 株式会社と異なり、合同会社の設立登記の報酬について日本司法書士会連合会から公表された資料はありません。個々の司法書士のホームページ等から確認をしてください。筆者の実感ですと、6万円～9万円程度です。

 合同会社設立費用の総額の目安を教えてください。

 Q1-22 の実費と Q1-23 の報酬を合計して算出してください。

3. 設立登記に要する期間

 株式会社設立・合同会社設立登記を申請してから登記
完了までの期間を教えてください。

登記完了まで、5日～6日程度と案内しておいたほうが無難です。

平成30年3月12日から、会社の設立登記のファストトラック化が開始されました。

ファストトラック化とは、他の登記に比べて会社の設立登記を優先的に処理するという意味です。企業が活動しやすいビジネス環境整備を図る観点から導入されました。この結果、登記申請の受付日の翌日（オンライン申請において別送書類がある場合には書面の全部が法務局に到達した日の翌日）から起算して3執務日目までに完了することになりました。

要は、3日～4日程度で会社設立登記は完了するという意味です。今までは、会社設立登記の申請から登記完了まで1週間から10日ほどかかっていましたので、半分から3分の1に短縮されることになります。

とはいえ、依頼者には3日程度で登記完了するとは伝えないほうが良いでしょう。登記完了してから登記簿や印鑑カード、印鑑証明書を取得するにはさらに最低1日は必要です。また、登記完了後に法務局から書類が返送されてくる時間も考慮すべきです。そこで冒頭でも述べたように、登記完了まで5日～6日程度と案内しておいたほうが無難です。

【司法書士との連携において注意すること】

　会社設立登記については、通常はスピードが要求されます。司法書士に相談がある前に、ある程度新設会社の内容が確定していたり、必要書類が先行して揃っているならば、必然に会社設立登記のスピードも早まります。

　会社の印鑑は、商号が確定してから発注するほうが安全でしょう。司法書士は通常、類似商号を持つ会社の有無を確認します。その確認を受けて商号を確定させると良いでしょう。

　なお、資本金や事業年度については、税理士から積極的に助言をしていただいたほうが決まりやすい事項です。先行して相談を受ける場合は、助言をしておいていただけると助かります。

依頼者様用 ～必要書類のご案内～

●株式会社設立登記の手続きにあたって、用意していただく必要のある書類

	書類名	取得先	確認
①	発起人（株主）の印鑑証明書（3か月以内）	発起人（株主）の住所地の市区町村役場／発起人が法人の場合は法務局	☐
②	発起人（株主）が法人である場合、法人の登記簿（履歴事項証明書）（3か月以内）	法務局	☐
③	取締役の個人の印鑑証明書（3か月以内）※ ①と重なる場合はさらに1通取得してください。	取締役の住所地の市区町村役場	☐
④	監査役（がいる場合）の住民票	監査役の住所地の市区町村役場	☐
⑤	発起人の口座に資本金相当額を入金した通帳（入金のタイミングは司法書士の指示待ち）	ー	☐
⑥	新設会社の印鑑	ー	☐

●合同会社設立登記の手続きにあたって、用意していただく必要のある書類

	書類名	取得先	確認
①	合同会社の社員の印鑑証明書（3か月以内）	合同会社の社員の住所地の市区町村役場／合同会社の社員が法人の場合は法務局	☐
②	合同会社の社員が法人である場合、法人の登記簿（履歴事項証明書）（3か月以内）	法務局	☐
③	職務執行者を選任する場合、職務執行者の住民票	職務執行者の住所地の市区町村役場	☐
④	社員の口座に資本金相当額を入金した通帳（入金のタイミングは司法書士の指示待ち）	ー	☐
⑤	新設会社の印鑑	ー	☐

→依頼者様への配布資料として PDF（2ページ）もご活用ください。
https://www.skattsei.co.jp/topics/zeirishi_touki/check

司法書士が法務局に行く頻度は？

　今から20年ほど前には、司法書士事務所は法務局の近くにあることが売りとされていました。登記簿を取得するためには、必ず法務局まで足を運ぶ必要がありましたし、登記の申請は書面でしか受け付けてもらえませんでした。司法書士は頻繁に法務局に足を運ぶ必要があるため、必然的に法務局の近くに事務所を構えていました。

　インターネットは世界を変えたと言われていますが、インターネットが普及したおかげで登記をオンライン申請することができるようになりました。商業法人登記のオンライン申請は平成16年6月から一部法務局で可能になり、不動産登記のオンライン申請については平成17年3月から一部法務局で可能になりました。今では全ての法務局に対してオンラインで登記申請をすることができます。

　このオンライン申請のおかげで、登記簿の取得や登記申請のためにわざわざ法務局に行く必要がなくなりました。筆者の事務所は最寄りの法務局まで車で30分程度かかる場所にあります。それもあって、受託した99パーセントの登記をオンライン申請しています。1か月のうちに一度か二度しか法務局に行く機会はありません。法務局に行くのは、オンライン申請の際に別送した書面を訂正する場合か、込み入った登記申請の事前照会をする場合かのどちらかです。

　オンライン申請のおかげで、司法書士は各法務局への移動時間を削減することができるようになりました。また、法務局の近くではなく駅の近くなど依頼者にとって便利な場所で開業する司法書士が増えています。

　e-Taxの制度も、オンライン登記申請とほぼ同時期に開始された

と聞いています。e-Tax は、税理士が税務署に行く頻度にも影響を与えたのでしょうか？　事務所を構える場所にも影響を与えているのでしょうか？　税理士業務の効率化につながったのでしょうか？　是非とも教えていただきたいです。

第3節　役員変更

　会社の役員に変更があった場合、顧問税理士の紹介により司法書士が役員変更登記を受託するケースが多くあります。

　役員変更の事由には、役員の任期満了、死亡、辞任、解任、新規就任等が挙げられます。役員変更の中でも特に役員の任期満了については、会社側でも登記が必要だと意識していないケースも多く顧問税理士は注意をする必要があります。

　第3節では、会社の役員変更登記に関して税理士や税理士事務所職員からよくいただく質問とその回答を、以下のQ＆Aにまとめました。

Q 1-26　役員変更登記の必要書類を教えてください。

　変更の事由によりけりです。

　株主総会議事録や取締役会議事録に加えて、以下の書類が必要になることがあります。

- ・役員の死亡：死亡の記載のある戸籍謄本
- ・役員の辞任：辞任届
- ・取締役の新規就任：個人の印鑑証明書（住民票で足りるケースもあるが印鑑証明書を案内したほうが手堅い）
- ・監査役の新規就任：住民票

役員変更にあたり、実費（登録免許税）はどのように
計算するのでしょうか？

A 登録免許税は、資本金の額が 1 億円以下の会社の場合は 1 万円、資本金の額が 1 億円を超える会社の場合は 3 万円となります。

 役員変更登記の報酬の目安を教えてください。

A 平成 30 年 1 月に実施された日本司法書士会連合会のアンケート結果をご確認ください。

「取締役 3 名、代表取締役 1 名、監査役 1 名の取締役会設置会社たる株

〔有効回答数：1,036〕

	低額者 10％の平均	全体の平均値	高額者 10％の平均
北海道地区	18,378 円	27,029 円	40,735 円
東北地区	17,308 円	27,921 円	47,775 円
関東地区	14,216 円	28,851 円	47,506 円
中部地区	18,800 円	30,109 円	58,185 円
近畿地区	17,329 円	30,343 円	50,997 円
中国地区	18,262 円	30,978 円	54,525 円
四国地区	18,571 円	31,335 円	51,856 円
九州地区	17,577 円	28,303 円	45,952 円

〈出典〉日本司法書士会連合会ホームページ「報酬アンケート結果（平成 30 年 1 月実施）」

式会社において、定時株主総会終結により役員全員が任期満了し改選した場合の変更登記手続の代理業務を受任し、株主総会議事録、取締役会議事録等の全ての書類を作成し、登記申請の代理をした場合」を前提として、地域ごとのアンケート結果をまとめたものです。

 役員変更登記の総額の目安を教えてください。

 Q1-27の実費とQ1-28の報酬を合計して算出してください。

 役員変更の事由の中で、辞任と解任について区別がついていません。その違いを教えてください。

辞任＝役員が自主的に辞める。解任＝会社側が役員を辞めさせる（例：株主総会や取締役会の決議）という違いがあります。

辞任や解任という登記事由は登記簿に明示されます。登記簿に解任という履歴が残ると、見る人が見れば、会社内でお家騒動があったと推測され、あまり好ましいことではありません。

解任事由があった場合でも、辞任してもらうことが望ましいです。司法書士に役員の退任事由を連絡するときは、この辞任と解任を区別して伝えてください。筆者の経験則上、たまに取締役の解任登記を依頼したいと言われることがあり、よくよく聞くと辞任のことだったというケースがあります。

役員には任期があると聞きました。株式会社の役員の任期について教えてください。

 役員の任期は通常は10年です（正確には、選任後10年以内に終了する事業年度のうち最終のものに関する定時株主総会の終結の時までです。以下はわかりやすいように10年、2年、4年などと記載します）。

任期を迎えた場合、以下の①又は②の手続きをとる必要があります。

①　重任（再選）する。

②　任期満了で退任する。

結果として、登記の申請が必要になります。

取締役や監査役などの役員は、その会社と委任契約を締結しています。会社法上役員には任期があり、任期の満了をもって退任します。原則取締役は2年・監査役は4年と会社法で定められていますが、通常の会社（株式譲渡制限会社）は、定款に定めれば取締役は10年まで伸長できます。

 役員の任期が満了したが登記をすることを忘れていた場合、どのようなことが想定されますか？

 登記をすることを忘れていることは、役員の選任懈怠・登記懈怠に当たる可能性があります。役員の選任懈怠・登記懈怠は会社法に違反していますので、法人の代表者が過料に処せられてしまう可能性があります。法人に対してではなく代表者個人が過料の対象となることに注意が必要です。

なお、過料は、罰金や科料と異なり、刑罰ではありません。

次に、株式会社の場合は12年以上何も登記をしていないと、一定の手

続きを経た後に職権で解散の登記（みなし解散）をされてしまいます。

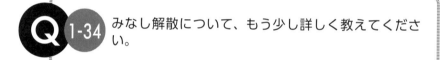

Q 1-33 過料の相場を教えてください。

A 過料については相場という概念自体がなく、なかなか伝えづらいです。経験値としては、役員変更の懈怠の場合は 3 万〜 7 万円程度です。役員変更の登録免許税＋司法書士報酬分程度ということです。

登記することを懈怠していたのですから、登録免許税＋司法書士報酬分の過料を課さないと、まじめに登記をした会社が馬鹿を見ることになるからです。

Q 1-34 みなし解散について、もう少し詳しく教えてください。

A 全国の法務局では、平成 26 年度以降、毎年、休眠会社・休眠一般法人の整理作業を行っています。休眠会社又は休眠一般法人に対して、法務大臣による公告及び法務局からの通知がされ、この公告から 2 か月以内に役員変更等の登記または事業を廃止していない旨の届出をしない場合には、登記官による職権でみなし解散の登記がされます。

みなし解散の登記がされると、法人の印鑑証明書等の発行がされなくなります。また、登記記録にみなし解散の履歴が残ることで見る人が見るといい加減な会社という印象を与えてしまいます。

なお、みなし解散の登記後 3 年以内に限り、解散したものとみなされた株式会社は、株主総会の特別決議によって、株式会社を継続することがで

きます。3年以内ならば解散前の状態に戻すことができるということです。

Q 1-35 今まで顧問先の役員の任期管理をしていませんでした。役員の任期管理をすることは税理士の責任なのでしょうか？

A 税理士の責任ではありません。しかし、顧問先の代表者に過料がかかると税理士に道義的責任があると考える経営者も一定数以上はいます。平成18年の会社法施行により役員任期は10年まで伸長できるようになりました。とはいえ10年先までの管理はなかなか難しいです。

　そこで、司法書士事務所と提携をして任期管理を任せるのが手っ取り早いし、税理士事務所のリスクを低減させることができるのでお勧めします。

　なお、有限会社には役員の任期という概念はありません。

Q 1-36 代表取締役の個人の住所に変更がありました。代表者の住所変更も登記事項だと聞きましたが本当でしょうか？

A 本当です。代表取締役の住所は登記事項です。変更があるごとに法務局に登記申請をする必要があります。

　会社の代表者は、会社の本店を移転した場合は登記をしなければならないと自認しているのですが、個人の住所に変更があった場合まで登記をしなければならないとは通常は思っていません。このあたりは顧問税理士が気づいてあげると良いでしょう。

Q 1-37 役員変更登記を担当する司法書士から、法人税申告書別表2の提供を求められました。何に使用しているのでしょうか？

A 株主の氏名又は名称、住所及び議決権数等を証する書面（株主リスト）の作成の基礎資料としていると推測します。

　平成28年10月1日以降の株式会社の登記の申請にあたっては、添付書面として、株主総会議事録を提出する場合（役員変更登記に限らない）、「株主リスト」の提供も必要となりました。法務局へ提供するための株主名簿のようなものと理解をしていただければイメージしやすいかと思います。

　近時、商業・法人登記を悪用した犯罪や違法行為が後を絶たず、商業登記の真実性の担保を強化する措置をとることが株主リスト導入の目的と言われています。この株主リスト作成の基礎資料として、司法書士から税理士に法人税申告書別表2の提供を依頼することがあります。

　株主総会の決議が不要な登記（例：取締役の辞任）については、もちろん法務局へ株主リストの提供は不要です。

【司法書士との連携において注意すること】

　平成 18 年の会社法施行により役員の任期は最長 10 年まで伸長すること
ができるようになりました。このため役員の任期管理をすることは、会社
にとって難易度の高い業務となってしまいました。

　このことは税理士も同様です。いくら顧問先の会社とは言え、登記の専
門家ではない税理士が全ての顧問先の役員任期に注視をすることは困難と
言えます。

　解決策としては、任期管理を司法書士に任せることでしょう。提携先の
司法書士を見つけて役員の任期を管理してもらうことは、顧客サービスと
して必要なことです。

依頼者様用 ～必要書類のご案内～

●役員変更の手続きにあたって、用意していただく必要のある書類

	書類名	取得先	確認
①	役員の死亡の場合、死亡の記載のある戸籍謄本	死亡者の本籍地の市区町村役場	☐
②	役員の辞任の場合、辞任届 ※ 代表取締役の辞任の場合は、辞任届に法務局届出印を押す	司法書士が辞任届を作成することが多い。	☐
③	取締役の新規就任の場合は、印鑑証明書（3か月以内）	取締役の住所地の市区町村役場	☐
④	監査役の新規就任の場合は、住民票	監査役の住所地の市区町村役場	☐

→依頼者様への配布資料として PDF（3ページ）もご活用ください。
https://www.skattsei.co.jp/topics/zeirishi_touki/check

商業・法人登記に使用できる電子証明書の見直し

　新型コロナウイルスの感染拡大を契機としたテレワーク等の推進及びデジタル時代に向けた規制・制度見直しの一環として、登記に使用できる電子証明書が見直しされました。詳細は、「商業・法人登記のオンライン申請について」というキーワードを検索の上で、法務省のホームページをご確認ください。

　電子署名の中では、ドキュサイン（DocuSign：電子署名ツール）の発行する電子証明書に注意する必要があります。オンライン申請に利用できるのは、ドキュサインの発行する電子証明書のうち、EU Advanced（ドキュサイン・ジャパン株式会社）のサービスを利用しているものに限定されているためです。ウェブサイトから申し込んだプランでは EU Advanced 署名方式が利用できず、ドキュサインを使用しているものの、法務省の要件を満たしていないケースに何度も遭遇しています。

　税理士事務所に電子署名の登記上の使用の可否について問い合わせがあるとは思えませんが、「ドキュサインの発行する電子証明書に注意」という知識を覚えておくと、どこかで使えるかもしれません。

　会社の本店が移転した場合、顧問税理士の紹介により司法書士が本店移転登記を受託するケースが多くあります。本店移転登記は単純ですが奥が深いケースもあり、顧問税理士は注意をする必要があります。

　第4節では、会社の本店移転登記に関して税理士や税理士事務所職員からよくいただく質問とその回答を、以下のQ＆Aにまとめました。

 本店移転登記の必要書類を教えてください。

A 　本店移転先の住所を記載したメモ書き等です。移転先の賃貸借契約書がある場合は賃貸借契約書でも良いです。

 本店移転登記にあたり、実費（登録免許税）はどのように計算するのでしょうか？

A 　法務局の管轄を超えて本店を移転する場合（例：名古屋から東京に本店移転をする場合）と法務局の管轄内で本店を移転する場合（例：名古屋市内で本店移転をする場合）とで登録免許税が異なります。法人の法務局の管轄については、法務局ホームページでご確認ください。

＜管轄外本店移転登記の場合＞

　登録免許税は、新旧本店所在地におけるそれぞれの登記申請につき3万

円ずつ、計6万円となります。

＜管轄内本店移転登記の場合＞

　登録免許税は、3万円です。

※　法務局の管轄は法務局のホームページから確認してください。不動産登記の管轄と商業登記の管轄には、ずれがある場合があることに注意してください。

 本店移転登記の報酬の目安を教えてください。

A 　平成30年1月に実施された日本司法書士会連合会のアンケート結果をご確認ください。

　「取締役会設置会社である株式会社の本店を管轄法務局の区域外へ移転した場合の本店移転登記手続の代理業務を受任し、株主総会議事録、取締

〔有効回答数：896〕

	低額者10%の平均	全体の平均値	高額者10%の平均
北海道地区	21,350 円	43,320 円	78,900 円
東北地区	18,511 円	41,404 円	84,217 円
関東地区	21,194 円	47,466 円	84,181 円
中部地区	19,913 円	44,744 円	86,691 円
近畿地区	26,647 円	47,088 円	79,611 円
中国地区	18,147 円	43,992 円	89,167 円
四国地区	18,800 円	39,758 円	72,500 円
九州地区	18,669 円	39,716 円	70,341 円

〈出典〉日本司法書士会連合会ホームページ「報酬アンケート結果（平成30年1月実施）」

役会議事録等の全ての書類（登記に必要な書類）を作成し、登記申請の代理をした場合」を前提として地域ごとのアンケート結果をまとめたものです。

　なお、このアンケートは法務局の管轄外本店移転を前提としています。管轄外の本店移転は管轄内の本店移転に比べて手間がかかるためアンケート結果のような数値が出ていると推測します。管轄内の本店移転の報酬はもう少し低い金額になる可能性があります。

 会社が本店移転をしました。移転先はビルの 8 階ですが、ビル名や部屋番号まで入れて登記をする必要がありますか？

A 必ずしもビル名や部屋番号まで入れて登記をする必要はありません。ビル名や部屋番号まで入れると登記簿上から正確な本店所在地がわかるので、わかりやすいというメリットがあります。

　一方、ビル内で本店を移転する場合（例：401 号室から 702 号室に移転する場合）やビルオーナーの都合でビル名に変更があった場合でも、再度本店移転登記をする必要が出てくるデメリットがあります。

　上記メリットとデメリットを踏まえた上で、会社側に判断してもらうようにしてください。

Q 1-42 会社本店の移転日をいつにすれば良いでしょうか？

A 会社の判断で決めてください（税務上の整合性については税理士からの助言が必要ですが）。

もっとも、必ずしも賃貸借契約の日付などにとらわれる必要はありません
が、契約前の日付を移転日とすることは考えにくいです。

【司法書士との連携において注意すること】

　本店の移転先がビルである場合、ビル名や部屋番号まで入れて本店の登
記をするかどうかを会社側に決めてもらう必要があります。ビル名や部屋
番号まで入れる下記メリットやデメリットを税理士が説明しておいていた
だけると、会社側も迅速に判断でき、結果として登記手続きのスピードが
上がります。

- メリット：
　ビル名や部屋番号まで入れると、登記簿上から正確な本店所在地
　がわかる。
- デメリット：
　ビル内で本店を移転する場合（例：401号室から702号室に移転す
　る場合）やビルオーナーの都合でビル名に変更があった場合でも、
　再度本店移転登記をする必要が出てくるので余分な登記費用がか
　かることがある。

●登記簿（履歴事項証明書）を取得する際に、用意していただく必要のある書類

	書類名	取得先	確認
①	本店移転先の住所を記載したメモ書き等。移転先の賃貸借契約書がある場合は賃貸借契約書でも良い。	―	☐

→依頼者様への配布資料として PDF（4 ページ）もご活用ください。
https://www.skattsei.co.jp/topics/zeirishi_touki/check

コラム ④

会社の支店の所在地における登記の廃止

　会社法の一部を改正する法律（令和元年法律第70号）により、令和4年9月1日から会社の支店の所在地における登記が廃止されることとなりました。昨今の商業登記のコンピュータ化により、全国どこからでも本店の所在地の法務局に備えられた登記簿にアクセスすることが容易になりました。そのため、支店の所在地の登記を独自に利用する機会が減っていることが理由です。

　なお、支店所在地での登記が廃止されただけで、会社の本店の登記記録に支店の情報は公示されます。支店の登記自体が廃止されるわけではありませんので、お間違えのないようにしてください。

第5節 目的変更

会社が新規事業を行うことになった場合、顧問税理士の紹介により司法書士が目的変更登記を受託するケースが多くあります。事業目的変更登記は許認可や融資に絡むこともあり、顧問税理士は注意をする必要があります。

第5節では、会社の目的変更登記に関して税理士や税理士事務所職員からよくいただく質問とその回答を、以下のQ&Aにまとめました。

 Q 1-43 事業目的変更登記の必要書類を教えてください。

A 新規事業について記載したメモ書きです（会社がやりたいことをメモ書きしてくれれば、通常は司法書士がそのメモをもとに登記できるような案を提案します）。

新規事業について会社がパンフレットや事業計画を作成している場合は、パンフレットや事業計画も必要書類となりえます。

 Q 1-44 事業目的変更登記にあたり、実費（登録免許税）はどのように計算するのでしょうか？

A 登録免許税は、3万円です（登録免許税法 別表第一 第24号（一）ツ）。

 **事業目的変更登記の報酬の目安を教えてください。**

 平成 30 年 1 月に実施された日本司法書士会連合会のアンケート結果の中には、事業目的変更についてのデータはありませんでした。

筆者自身の経験則と複数の司法書士のインターネットのホームページを閲覧した結果として、 2 万 5,000 円～ 4 万円程度と推測します。詳細は担当司法書士にご確認ください。

 **事業目的の変更登記を依頼し、登記簿の変更も完了しました。しかし、会社の手元にある定款の変更はされていません。司法書士は定款のアップデイトをしてくれないのでしょうか？**

 司法書士は、事業目的の変更登記のみの依頼を受けたと通常は認識しています。定款自体のアップデイトも必要ならばその旨も伝えてあげると誤解が起こりにくいでしょう。

許認可業種を営む会社が事業目的変更をする場合、通常は定款を行政に提出する必要があります。許認可業種を営む会社かどうかが定款のアップデイトまで必要かどうかの判断基準となります。

なお、定款自体のアップデイトをする場合は通常は別報酬になります。依頼をされる司法書士に個別にご確認ください。

1-47 事業目的の変更登記をする必要がある場合を、事例に分けて教えてください。

A 定款には、通常、「上記各号に附帯関連する一切の事業」や「上記に附帯関連する一切の事業」という文言を入れます。このことで広く営利目的の取引活動を含めていると解釈されます。そのため、新規事業を開始したからと言って必ずしも新規事業ごとに事業目的の変更登記を申請する必要があるわけではありません。

　ただし、以下の3つの場合には事業目的を変更する必要があります。

①　許認可事業を始める場合

　［例］建設業の許可を取る、風営法の許可を取る

　　　　→事業目的を変更した登記簿を提出する必要があります。

②　金融機関から新規事業について融資を受ける場合

　新規事業を開始するにあたり、金融機関から融資を受けることがあります。

　その際に、金融機関から新規事業を登記簿上も明示してほしいという要請を受ける場合があります。

③　新規事業を開始したことを対外的にアピールしたい場合

　登記簿に新規事業を明示することで、対外的なアピールをすることができます。

【司法書士との連携において注意すること】

　許認可事業を営む場合の事業目的変更登記については、注意が必要です。通常は、許認可の手続きの際に事業目的変更後の登記簿だけでなく、変更後の定款も行政に提出することになります。

　司法書士に事業目的の変更登記依頼を取りつなぐ場合は、登記の変更手続きのみを依頼するのか、定款自体のアップデイトまで依頼するのかを明確にしてあげると良いでしょう。

　司法書士側から確認を求めるべきですが、全ての司法書士が確認をするとは限りません。なお、定款のアップデイトまで依頼する場合は、その分報酬も上がることが通例です。

●事業目的変更登記の手続きにあたって、用意していただく必要のある書類

	書類名	取得先	確認
①	新規事業について記載したメモ書き（会社がやりたいことをメモ書きしてくれれば通常は司法書士がそのメモをもとに登記できるような案を提案します） 新規事業について会社がパンフレットや事業計画を作成している場合は、パンフレットや事業計画も必要書類となりえます。	―	☐

→依頼者様への配布資料として PDF（5ページ）もご活用ください。
https://www.skattsei.co.jp/topics/zeirishi_touki/check

商号変更と印鑑の変更

　筆者は、商号変更登記の依頼を受けることも珍しくありません。その中で以前、「会社が法務局に届出をしている印鑑は、必ず届出をし直す必要があるのでしょうか？」という質問を受けたことがあります。

　例えば、法人の印鑑の文字（印影）が単に「代表取締役の印」と記載されているケースで考えてみましょう。この場合、法人の印鑑の文字（印影）の中に法人名が記載されていないので、商号の変更をしたとしても届出印の変更は不要だと容易に判断できます。

　問題は、Ｔ工業株式会社がＫ工業株式会社に商号変更をしたような場合です。Ｋ工業株式会社に商号変更したにも関わらず、Ｔ工業株式会社の印影を継続して使用することができるのでしょうか？

　結論から言うと、法律上は問題なくＫ工業株式会社はＴ工業株式会社の印影を使用し続けることができます。

　確かに、通常はＫ工業株式会社への商号変更時に、新しく法人印を作成し直します。そして、商号変更の登記時に同時に、Ｋ工業株式会社の印鑑を法務局に届出します。

　しかし、この届出は法律上必須のものではありません。Ｔ工業株式会社がＫ工業株式会社に商号変更をしたが、届出印の変更をしないことがあります。商号の変更の決議をし変更の効力も発生しているが、届出印の作成が登記申請に間に合わないような場合です。

　豆知識として覚えておくと、どこかで役に立つかもしれません。

第6節 増資

　会社が資金調達を行うことにより増資をすることがあります。顧問税理士の紹介により司法書士が増資の登記を受託するケースが多くあります。増資の登記は許認可や対外的な信用度向上に絡むこともあり、顧問税理士は注意をする必要があります。

　第6節では、増資の登記に関して税理士や税理士事務所職員からよくいただく質問とその回答を、以下のQ&Aにまとめました。

 増資の登記の必要書類・必要情報を教えてください。

 それぞれ以下のとおりです。

＜必要書類＞

・資金を払い込んだ会社の通帳（払込みのタイミングは司法書士と相談してください）

＜必要情報＞

・1株当たりの金額の情報（通常は税理士から情報をもらいます）
・払込金のうち資本金として計上する金額（通常は税理士から情報をもらいます）
　→払込み又は給付に係る額の2分の1を超えない額は、資本金として計上しないことができます。例えば、1,000万円を払込み又は給付に係る額として準備したとします。1,000万円全額を資本金として計上するのではなく、増加する資本金500万円、残りの500万円を資本準備金として残しておくことができるのです。

増資の登記にあたり、実費（登録免許税）はどのように計算するのでしょうか？

 　登録免許税は、増加した資本金の額×1,000分の7ですが、3万円に満たない場合は3万円となります。

　払込み又は給付にかかる額を資本準備金として計上することで増加する資本金の額を調整すれば、登録免許税の節税をすることができます。

 増資の登記の報酬の目安を教えてください。

 平成30年1月に実施された日本司法書士会連合会のアンケート結

〔有効回答数：778〕

	低額者10%の平均	全体の平均値	高額者10%の平均
北海道地区	26,760円	45,953円	80,133円
東北地区	24,383円	47,960円	84,891円
関東地区	27,331円	52,819円	95,739円
中部地区	29,040円	51,757円	95,267円
近畿地区	30,276円	57,705円	119,716円
中国地区	27,976円	54,840円	116,333円
四国地区	27,000円	52,810円	87,967円
九州地区	28,272円	47,603円	85,428円

〈出典〉日本司法書士会連合会ホームページ「報酬アンケート結果（平成30年1月実施）」

果をご確認ください。

「株式引受人3名、発行価格500万円の募集株式の発行による発行済株式総数及び資本の総額の変更登記手続の代理業務を受任し、株主総会議事録、取締役会議事録、株式申込証等の全ての書類（登記に必要な書類）を作成し、登記申請の代理をした場合」を前提として地域ごとのアンケート結果をまとめたものです。

 増資の登記の際に、発行可能株式総数の変更登記をする必要があるケースがあると聞きました。どういうことでしょうか？

A 発行可能株式総数とは、株式会社が発行することのできる株式の総数のことです。これに対して、実際に発行した株式の総数を発行済株式総数といいます。例えて言うならば、発行可能株式総数は「水の入ったコップ」のことで、発行済株式総数は「コップに入っている水」のことです。その差分だけ、株（水）を追加することができます。

増資の際に、この発行済み株式総数が発行可能株式総数を上回るならば、発行可能株式総数自体を変更する必要が出てきます。すなわち、コップをもうワンサイズ大きくするということです。多額の増資をする際には、増資の登記と発行可能株式総数の変更登記はセットになります。

 債権を現物出資して増資をする、いわゆる DES について教えてください。

A 社長などの役員の会社への貸付金や役員報酬の未払い金などの債権を現物出資して増資をする、いわゆる DES（デット・エクイティ・スワッ

プ）の登記手続きは、税理士と司法書士がタイアップをして進めることが多いです。

　現物出資の内容が金銭債権の場合は、登記の際に、債権の存在を証するため、金銭について記載された会計帳簿が必要になります。具体的に何が金銭について記載された会計帳簿にあたるかは、登記を担当される司法書士とすり合わせをしてください。

　なお、DES の登記申請にあたり、金銭債権に関する税理士の証明書の提供を税理士に求める司法書士もいます。その際は証明書のひな型を司法書士側に依頼しても良いですし、日本税理士会連合会が提供するひな型（現物出資等における財産の価額の証明等に関する実務（改訂版））を使用しても良いかと思います。

　なお、「現物出資等における財産の価額の証明等に関する実務（改訂版）」を使用する際は、証明書の中の会社法の条文の引用にご注意ください。会社設立時の現物出資に関する税理士の証明の根拠規定は、会社法第33条第10項第3号、会社設立後の増資に関する税理士の証明の根拠規定は、会社法第207条第9項第4号です。

　「現物出資等における財産の価額の証明等に関する実務（改訂版）」の証明書をひな型通り使用しているためか、証明書の中の条文の引用に誤りがあるケースが散見されます。ご注意ください。

【司法書士との連携において注意すること】

　増資の際に、以下の必要情報は税理士が主導して決めていただきたい点です。司法書士に依頼を取りつなぐまでに決めていただけると登記手続きのスピードも上がります。

＜必要情報＞

・1株当たりの金額の情報（通常は税理士から情報をもらいます）

・払込金のうち資本金として計上する金額（通常は税理士から情報をもらいます）

　　→払込み又は給付に係る額の2分の1を超えない額は、資本金として計上しないことができます。例えば、1,000万円を払込み又は給付に係る額として準備したとします。1,000万円全額を資本金として計上するのではなく、増加する資本金500万円、残りの500万円を資本準備金として残しておくことができるのです。

●増資の登記手続きにあたって、用意していただく必要のある書類

	書類名	取得先	確認
①	金銭による出資の場合 ⇒資金を払い込んだ会社の通帳（払込みのタイミングは司法書士と相談してください）	－	☐
②	金銭以外の出資の場合 ⇒債権を現物出資して増資をする、DES（デット・エクイティ・スワップ）について→金銭について記載された会計帳簿（具体的に何が金銭について記載された会計帳簿にあたるかは登記を担当される司法書士とすり合わせをした上でお知らせします）	－	☐

→依頼者様への配布資料として PDF（6 ページ）もご活用ください。
https://www.skattsei.co.jp/topics/zeirishi_touki/check

解散・清算結了

　後継者がいない、会社の採算がとれていない等を理由に、会社が解散を選択することがあります。この場合、顧問税理士の紹介により司法書士が解散・清算結了の登記を受託するケースが多くあります。

　解散や清算結了という言葉自体がわかりにくいこともあり、依頼者への説明の際に、顧問税理士は注意をする必要があります。

　第7節では、解散・清算結了の登記に関して税理士や税理士事務所職員からよくいただく質問とその回答を、以下のQ & Aにまとめました。

Q 1-53 解散と清算結了の意味を教えてください。そもそも解散と清算結了の何が違うのでしょうか？

A　平たく言うと、会社がその営業行為をやめることを解散と言います。よくある誤解なのですが、解散したからといって会社の法人格がなくなるわけではありません。解散をした会社は、清算手続きを進めていきます。清算手続きの最中は、清算の目的の範囲内で法人格が存続しているということです。

　解散後に、債務を完済し、残余財産の分配を終わらせ、株主総会でそのことを承認すれば清算結了となります。要は、BSがゼロゼロになったことを株主総会で承認するということです。清算結了によって初めて会社の法人格が消滅します。

　解散は清算結了のための準備を開始することを宣言する行為です。清算結了は、その準備行為を完結させることです。混同されやすい、解散と清

算結了ですが、このように意味が異なります。

 解散の登記の必要書類・必要情報を教えてください。

 解散登記は清算人の選任とセットでされることが通常です。その意味で、解散と清算人の選任登記の必要書類を明示しました。

- 清算人の印鑑証明書（3か月以内）
- 法人の印鑑カード番号がわかるもの（法人の印鑑カードの表面を写真で撮った写真データ等）
- 会社の定款（紛失して内容が不明な場合は担当司法書士に相談）

法人の印鑑カード番号がわかるもの（法人の印鑑カードの表面を写真で撮った写真データ等）は、何のために使用するのでしょうか？

清算人が、清算人の印鑑を法務局に届出する際には、法人の印鑑カードの引継ぎをすることが通常です。この印鑑カードの引継ぎの際には、印鑑カード番号を法務局に提供する必要があります。その基礎資料として、印鑑カード番号がわかるもの（印鑑カードの表面を写真で撮った写真データ等）の提供依頼があるのです。

　会社が解散すると、取締役及び代表取締役はその地位を失い、退任します。清算人は取締役及び代表取締役に代わって清算事務を処理することになります。清算人は代表取締役と同一人物を選任することが多いです。同一人物でも立場が異なれば（代表取締役から清算人に立場が変われば）、印鑑届を出し直すことになります。

印鑑届出書の見本は右ページを参照してください。

 1-56 解散の登記にあたり、実費（登録免許税）はどのよう
に計算するのでしょうか？

 解散登記は清算人の選任とセットでされることが通常です。その意
味で、解散と清算人の選任登記の登録免許税を明示します。

　解散の登記の登録免許税が3万円、清算人及び代表清算人の選任に関す
る登記の登録免許税が9,000円になります。合計3万9,000円です。

NEW!

 1-57 解散の登記にあたり、登録免許税以外に実費がかかる
と聞きました。どのような費用がかかるのか教えてく
ださい。

 解散公告の官報掲載費用が、3万9,482円かかります。また、個別
催告をする場合は郵送費（通常は数千円程度）がかかります。

　株式会社が解散をした後、債権者に対し、一定の期間内にその債権を申
し出るべき旨を官報に公告し、かつ、知れている債権者には、各別にこれ
を催告しなければなりません。このための費用が、上記公告費用と郵送費
のことです。

 1-58 解散公告を官報に掲載しなくても解散・清算結了の手
続きをすることができませんか？

 たしかに、法務局では官報公告を出したかどうかまでは確認してい

印　鑑　（改印）　届　書

※ 太枠の中に書いてください。

（地方）法務局　　　支局・出張所　　令和　　年　月　日　届出

（注１）（届出印は鮮明に押印してください。）	商号・名称	愛知株式会社	
	本店・主たる事務所	愛知県江南市○○町●番地	
	印鑑提出者	資　格	代表取締役・取締役・代表理事理事・（　　　　　　　　　）
		氏　名	田中一郎
		生年月日	大・昭・平・西暦 ５５年４月３日生
□ 印鑑カードは引き継がない。	会社法人等番号	●●●●	

（注２）☑ 印鑑カードを引き継ぐ。
印鑑カード番号　◎◎◎◎
前任者　　　田中一郎

届出人（注３）　□ 印鑑提出者本人　　☑ 代理人

住　所	愛知県江南市古知野町日の出１３番地駅前ビル２階	（注３）の印 （市区町村に登録した印） ※ 代理人は押印不要
フリガナ	マルヤマヨウイチロウ	
氏　名	司法書士法人丸山洋一郎事務所　社員　丸山洋一郎	

委　任　状

私は、(住所)　愛知県江南市古知野町日の出１３番地駅前ビル２階

（氏名）　司法書士法人丸山洋一郎事務所　社員　丸山洋一郎

を代理人と定め、☑印鑑(改印）の届出，☑添付書面の原本還付請求及び受領の権限を委任します。

令和４年３月３０日

住　所　愛知県江南市○○町●番地

氏　名　田中一郎　　　　　　　　　　　㊞　　（注３）の印［市区町村に登録した印鑑］

□　市区町村長作成の印鑑証明書は，登記申請書に添付のものを援用する。（注４）

（注１）　印鑑の大きさは、辺の長さが１cmを超え、３cm以内の正方形の中に収まるものでなければなりません。

（注２）　印鑑カードを前任者から引き継ぐことができます。該当する□にレ印をつけ、カードを引き継いだ場合には、その印鑑カードの番号・前任者の氏名を記載してください。

（注３）　本人が届け出るときは、本人の住所・氏名を記載し、市区町村に登録済みの印鑑を押印してください。代理人が届け出るときは、代理人の住所・氏名を記載（押印不要）し、委任状に所要事項を記載し（該当する□にはレ印をつける）、本人が市区町村に登録済みの印鑑を押印してください。なお、本人の住所・氏名が登記簿上の代表者の住所・氏名と一致しない場合には、代表者の住所又は氏名の変更の登記をする必要があります。

（注４）　この届書には作成後３か月以内の本人の印鑑証明書を添付してください。登記申請書に添付した印鑑証明書を援用する場合（登記の申請と同時に印鑑を届け出た場合に限る。）は、□にレ印をつけてください。

印鑑処理年月日					
印鑑処理番号	受　付	調　査	入　力	校　合	

（乙号・8）

ません。例え公告を出していなかったとしても、解散から 2 か月が経過した後であれば、清算結了登記は受理されます。

　しかし、法律で官報公告が義務付けられている以上、官報公告を出さずにした清算手続きは、法律上有効ではありません。顧問先の会社が解散・清算結了をする場合は、この点を踏まえて助言をする必要があります。

 解散の登記の報酬の目安を教えてください。

A 　平成 30 年 1 月に実施された日本司法書士会連合会のアンケート結果をご確認ください。

　「株主総会決議による株式会社の解散及び清算人選任登記手続の代理業務を受任し、株主総会議事録等の全ての書類（登記に必要な書類）を作成

〔有効回答数：945〕

	低額者 10%の平均	全体の平均値	高額者 10%の平均
北海道地区	22,570 円	43,489 円	70,120 円
東北地区	21,986 円	42,505 円	84,020 円
関東地区	27,030 円	44,543 円	81,900 円
中部地区	24,335 円	46,591 円	102,316 円
近畿地区	27,444 円	49,532 円	89,429 円
中国地区	25,589 円	49,705 円	111,429 円
四国地区	27,486 円	45,130 円	77,550 円
九州地区	21,988 円	44,158 円	91,303 円

〈出典〉日本司法書士会連合会ホームページ「報酬アンケート結果（平成 30 年 1 月実施）」

し、登記申請の代理をした場合」を前提として地域ごとのアンケート結果
をまとめたものです。

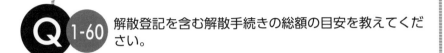

解散登記を含む解散手続きの総額の目安を教えてください。

A Q1-56、Q1-57 の実費と、Q1-59 の報酬を合計して算出してください。

清算結了の登記の必要書類・必要情報を教えてください。

A 特に、依頼者から提示してもらう資料はありません。司法書士が作成した書面（株主総会議事録や決算報告書等）に押印をもらえば登記手続きは進みます。

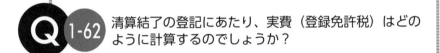

清算結了の登記にあたり、実費（登録免許税）はどのように計算するのでしょうか？

A 登録免許税額は、2,000 円となります（登録免許税法 別表第一 第24号（三）ハ）。

Q 1-63 清算結了の登記の報酬の目安を教えてください。

A 平成 30 年 1 月に実施された日本司法書士会連合会のアンケート結果をご確認ください。

「解散会社から清算結了登記手続の代理業務を受任し、株主総会議事録等の全ての書類（登記に必要な書類）を作成し、登記申請の代理をした場合」を前提として地域ごとのアンケート結果をまとめたものです。

〔有効回答数：930〕

	低額者 10％の平均	全体の平均値	高額者 10％の平均
北海道地区	9,110 円	24,638 円	51,300 円
東北地区	12,387 円	26,171 円	52,033 円
関東地区	11,144 円	27,159 円	46,655 円
中部地区	12,535 円	27,685 円	48,573 円
近畿地区	11,133 円	27,482 円	52,853 円
中国地区	12,109 円	26,449 円	44,043 円
四国地区	16,500 円	27,809 円	44,343 円
九州地区	11,931 円	26,102 円	49,393 円

〈出典〉日本司法書士会連合会ホームページ「報酬アンケート結果（平成 30 年 1 月実施）」

清算結了登記手続きの総額の目安を教えてください。

 Q1-62 の実費と Q1-63 の報酬を合計して算出してください。

Q1-65 清算結了登記について、注意することがあれば教えてください。

A 清算結了登記の添付書面として、決算報告書を法務局に提出する必要があります。

中小企業の清算結了の場合は、依頼者に代わり税理士が決算報告書の記入をすることが多いです。決算報告書の例として以下をご参照ください。

【決算報告書の記載例】（一例です。会社の実情に合わせて作成してください。）

決算報告書

1 令和○年○月○日から令和○年○月○日までの期間内に取立て，資産の処分その他の行為によって得た債権の総額は，金○円である。（注1）

1 債務の弁済，清算に係る費用の支払その他の行為による費用の額は，金○円である。（注2）

1 現在の残余財産の額は，金○円である。（注3）

1 令和○年○月○日，清算換価実収額金○円を，次のように株主に分配した。（注4）

1 優先株式○株に対し総額金○円（ただし，1株につき金○円の割合）（注4）

1　普通株式○株に対し総額金○円（ただし，１株につき金○円○拾銭の割合）（注４）

　上記のとおり清算結了したことを報告する。

　令和○年○月○日

　　　　　　　　　　　　○○商事株式会社

　　　　　　　　　　　　代表清算人　　　○○○○　㊞

（注）決算報告書は、次に掲げる事項を内容とするものであることが必要です（会社法施行規則（平成18年法務省令第12号）第150条）。

　1　債権の取立て、資産の処分その他の行為によって得た収入の額

　2　債務の弁済、清算に係る費用の支払その他の行為による費用の額

　3　残余財産の額（支払税額がある場合には、その税額及び当該税額を控除した後の財産の額）

　4　一株当たりの分配額（種類株式発行会社にあっては、各種類の株式一株当たりの分配額）

　※　4に掲げる事項については、次に掲げる事項を注記しなければなりません。

　　①　残余財産の分配を完了した日

　　②　残余財産の全部又は一部が金銭以外の財産である場合には、当該財産の種類及び価額

 【司法書士との連携において注意すること】

　解散と清算結了の違いについて、会社側は理解をしていないことが多いです。税理士が事前に大まかな説明をしておいていただくと依頼者の理解も進み、迅速な登記手続きを進めることができます。

　解散・清算結了の登記にあたり登録免許税以外に、官報公告費用が、3万9,482円かかります。この費用を会社側が想定していないことが多いので、税理士からの注意喚起が必要となります。

依頼者様用 ～必要書類のご案内～

●解散登記の手続きにあたって、用意していただく必要のある書類

	書類名	取得先	確認
①	清算人の印鑑証明書（3か月以内）	清算人住所地の市区町村役場	☐
②	法人の印鑑カード番号がわかるもの （法人の印鑑カードの表面を写真で撮った写真データ等）	会社	☐
③	会社の定款 （紛失して内容が不明な場合は担当司法書士に相談）	会社	☐

●清算結了登記の手続きにあたって、用意していただく必要のある書類

	書類名	取得先	確認
①	特に、依頼者から提示してもらう資料はありません。司法書士が作成した書面（株主総会議事録や決算報告等）に押印をもらうのみです。	－	☐

→依頼者様への配布資料として PDF（7ページ）もご活用ください。
https://www.skattsei.co.jp/topics/zeirishi_touki/check

合併

「組織再編」はその多くがグループ内再編です。グループ内再編の登記については、顧問税理士や組織再編を専門にしている税理士の紹介により司法書士が依頼を受託するケースが多くあります。

第8節では、組織再編の中でも最も多く活用されている合併の登記に絞って最低限の情報を提供します。特に顧問税理士が窓口となった際に、司法書士に取りつなぐまでに依頼者から合併登記の必要書類の説明を求められた場合や、合併登記手続きについて質問を受けた場合を想定して以下のQ&Aを取りまとめました。

※ 合併はケースバイケースの度合いが他の登記に比べて高く、必要書類や費用、スケジュールは個々に異なってきます。本書は、司法書士に依頼を取りつなぐまでの初動の対応を主眼としています。そのため、合併の全てを解説することは本書の目的ではありません。初動の対応を超える詳細は、組織再編の専門書で調べるか組織再編を専門とする司法書士にお確かめください。

顧問先から親子会社の合併について質問を受けました。司法書士に取りつなぐまでに、どのような資料を揃えておけば良いでしょうか？

 初動の対応としては、以下の書類を揃えてもらえば十分です。

・合併当事者（存続会社と消滅会社）の登記簿（履歴事項証明書）
・合併当事者（存続会社と消滅会社）の定款
・合併当事者（存続会社と消滅会社）の株主名簿（別表2でも良い）
・合併当事者（存続会社と消滅会社）の貸借対照表
・合併当事者（存続会社と消滅会社）が不動産を所有している場合は不

動産の登記簿（履歴事項証明書）

・合併当事者（存続会社と消滅会社）が不動産を所有している場合は不動産の固定資産税の納税通知書（固定資産税評価証明書があればなお良い）

 その他に確認をしておくことはありますか？

 以下 2 点がわかると、合併のスケジューリングがしやすくなります。

・合併当事者（存続会社と消滅会社）が決算公告をしているか
・消滅会社が株券を発行しているか

 合併の商業登記にあたり、登録免許税はどのように計算するのでしょうか？

 以下のように計算します。

・合併存続会社の変更登記：原則は資本金の増加額の 1,000 分の 1.5
（合併により消滅した会社又は組織変更もしくは種類の変更をした会社の当該合併又は組織変更もしくは種類の変更の直前における資本金の額として一定のものを超える資本金の額に対応する部分については 1,000 分の 7）
（3 万円に満たないときは、申請件数 1 件につき 3 万円）
・合併消滅会社の解散登記：金 3 万円
・合併時に商号変更や本店移転などの登記を同時に申請することもあります。その場合の登録免許税額は原則として別に計算をします。

合併の登記にあたり、登録免許税以外に実費がかかると聞きました。どのような費用がかかるのか教えてください。

 合併の登記には、以下の実費がかかります。

- 合併契約書に貼る印紙代： 4 万円
- 公告費用（担当司法書士にご確認ください）

　　→官報・日刊新聞への公告、あるいは電子公告をするのかで費用が
　　大幅に異なります。

 合併の登記の報酬の目安を教えてください。

 平成 30 年 1 月に実施された日本司法書士会連合会のアンケート結

〔有効回答数：537〕

	低額者 10％の平均	全体の平均値	高額者 10％の平均
北海道地区	23,800 円	142,105 円	412,000 円
東北地区	23,720 円	126,593 円	301,520 円
関東地区	53,960 円	147,798 円	376,714 円
中部地区	50,686 円	147,636 円	349,714 円
近畿地区	56,210 円	155,351 円	305,914 円
中国地区	44,640 円	149,735 円	375,000 円
四国地区	50,000 円	141,269 円	375,000 円
九州地区	56,667 円	144,482 円	298,000 円

〈出典〉日本司法書士会連合会ホームページ「報酬アンケート結果（平成 30 年 1 月実施）」

果をご確認ください。

　「ともに大会社でない 2 社間における吸収合併で、存続会社の合併による変更登記及び消滅会社の解散登記手続の代理業務を受任し、合併後の存続会社の資本金の額が 3,000 万円の場合で、合併契約書、議事録等の全ての書類（登記に必要な書類）を作成し、公告手続の代行及び登記申請の代理をした場合」を前提として地域ごとのアンケート結果をまとめたものです。

Q 1-71　合併登記について、注意することがあれば教えてください。

A　組織再編等の商業登記を専門にしている司法書士と共同して依頼を受託することをお勧めします。債権者異議のタイミングなどリカバリーがしにくい手続きが多いのが、合併などの組織再編手続きの特徴です。Q1-66 や Q1-67 を確認し、的確に情報を伝達できれば組織再編の手続きは迅速に進んでいきます。

　また、合併に伴い商業登記だけでなく不動産登記も必要になる場合があります。合併当事者（存続会社と消滅会社）が不動産を所持している場合は、登記費用が変わってくる可能性があるのでご注意ください。

　※　消滅会社が不動産を所有している場合には、合併による不動産の所有権移転登記を申請する必要があります。「不動産の価額× 0.4％＝合併登記にかかる登録免許税」となります。

【司法書士との連携において注意すること】

　合併などの組織再編の手続きは日常的にあるものではありません。税理士だけでなく、司法書士も事情は同じです。いつも依頼をしている司法書士が不慣れならば、商業登記を専門にしている司法書士にスポットで任せることも手です。

　また、消滅会社が不動産を所有しているような場合、合併当事者（存続会社と消滅会社）が銀行から借り入れをしており根抵当権の債務者となっているような場合は、登記費用が大幅に変わってくる可能性がありますので、ご注意ください。合併に伴い不動産登記も必要になるからです。

●合併登記の手続きにあたって、用意していただく必要のある書類

	書類名	取得先	確認
①	合併当事者（存続会社と消滅会社）の登記簿	法務局	☐
②	合併当事者（存続会社と消滅会社）の定款	会社	☐
③	合併当事者（存続会社と消滅会社）の株主名簿（別表2でも良い）	会社	☐
④	合併当事者（存続会社と消滅会社）の貸借対照表	会社	☐

●合併当事者（存続会社と消滅会社）が不動産を所有している場合、用意していただく必要のある書類

	書類名	取得先	確認
①	不動産の登記簿（履歴事項証明書）	法務局	
②	不動産の固定資産税の納税通知書（固定資産税評価証明書があればなお良い）	会社又は不動産所在地の市区町村役場	☐

→依頼者様への配布資料として PDF（8ページ）もご活用ください。
https://www.skattsei.co.jp/topics/zeirishi_touki/check

第 **2** 章

相続・遺言・
法定相続情報編

第 1 節

相続登記

税理士の顧客に相続が発生した場合や税理士が相続税の申告の依頼を受けた場合には、税理士の紹介で司法書士が登記業務を受託することがあります。このように相続の依頼では、一定の割合で税理士が窓口となります。

税理士が窓口となった際に、司法書士に取りつなぐまでに依頼者から登記の必要書類の説明を求められた場合や登記手続きについて質問を受けた場合を想定して、以下の Q & A を取りまとめました。

Q 2-1 相続登記の具体的な必要書類を教えてください。

 以下の書類が必要となります。

- ・被相続人の出生から死亡までの戸籍謄本
- ・被相続人の本籍地付きの戸籍の附票（or 本籍地付きの住民票の除票）
- ・相続人の現在の戸籍謄本
- ・相続人の現在の住民票
- ・相続人の印鑑証明書
- ・相続対象の不動産の固定資産税の納税通知書（固定資産評価証明書があればなお良い）
- ・場合によっては対象不動産の権利証

本籍地付きの戸籍の附票（or 本籍地付きの住民票の除票）がなぜ必要書類として挙がるのでしょうか？

A 登記簿上の所有者と、戸籍謄本に記載された被相続人の同一性を法務局が確認するためです。

登記簿上の所有者の表示は氏名と住所により構成されます。一方、戸籍謄本には本籍が記載されています。本籍と住所は本来的に異なるものなので、戸籍謄本と登記簿をつなぎ被相続人の同一性を確認するものとして戸籍の附票が必要書類として挙がるのです。

戸籍の附票には本籍と住所が記載されるので、つなぎ役として適任です。

なお、戸籍の附票については、デジタル手続法（情報通信技術を活用した行政の推進等に関する法律）施行に伴う住民基本台帳法の一部改正により、令和4年1月11日から本籍・筆頭者の記載が原則省略されることになりました。本籍・筆頭者の記載を希望する場合は、市区町村に提出する申請書に希望する理由（例：相続による所有権の移転の登記において被相続人の同一性を証するため）を記載する必要があります。

 戸籍抄本で足りませんか？　戸籍謄本まで必要でしょうか？

A そもそも戸籍謄本とは、戸籍の原本の記載事項の全てが書き写されたものを指します。

これに対して、戸籍抄本とは、戸籍の原本の記載事項のうち請求者の指定した部分のみが書き写されたものを指します。被相続人の戸籍は戸籍謄

本まで要求されますが、相続人の戸籍は戸籍抄本で足ります。

　ただし、謄本と抄本とで分けて必要書類を案内すると、依頼者が混乱するおそれがあります。そこで、相続人と被相続人について戸籍謄本が必要であると言い切ってしまったほうが案内の仕方としては親切でしょう。

　　※　ただし、プライバシーに厳格な依頼者の場合は、被相続人の場合は戸籍謄本、相続人の場合は戸籍抄本であると正確に案内したほうが良いかもしれません。

 戸籍謄本・印鑑証明書・住民票の期限はありますか？

Ａ　法務局に提出する書類としては、期限はありません。ただし、相続人の戸籍謄本は被相続人が死亡した後作成されたものである必要があります。被相続人死亡後に相続人が生存していたことを証明するためです。

　このように、法務局に提出する書類としては、期限はないのですが、金融機関に提出する場合は期限がある場合が多いです。一般的に印鑑証明書には期限が求められており、6か月以内か3か月以内という期間の限定があることが多いです。

　相続財産の中に金融資産がある場合は、金融機関への対応も想定して必要書類の期限を伝えるべきでしょう。

 戸籍謄本・印鑑証明書・住民票は何通取得すれば良いでしょうか？

Ａ　法務局に提出する戸籍謄本・印鑑証明書・住民票は原本還付することができます。その意味で、使いまわしをすることができ、各1通の取得

で足ります。金融機関での預金の相続手続きの際にも、戸籍謄本や印鑑証明書の還付をすることができる場合がほとんどです。詳細は、各金融機関にご確認ください。

　なお、平成30年4月1日以降に、税務署に提出する相続税申告書については、戸籍謄本のコピーでも添付書面として認められることになりました。

 司法書士の職務上請求について教えてください。

 司法書士は、職務上請求を行使することにより戸籍謄本や住民票の取得をすることができます。請求ができるのはあくまでも司法書士業務について依頼があり、その依頼に関連する事項についてのみです。

　不動産登記についての依頼なしに、被相続人の戸籍謄本等を司法書士が取得することは通常はできませんのでご注意ください。

　印鑑証明書の取得は本人しかできません。職務上請求の行使はできませんので、その点は依頼者の協力を要請しなければなりません。

 税理士の職務上請求について教えてください。

 税理士も、依頼者から依頼を受けた税理士業務を遂行するにあたり戸籍や住民票を取得することができます。

　例えば、①相続税の申告手続きを行う際の添付資料として税務署に提出する場合、②相続税の申告の要否について税務相談を受け、法定相続人を

特定し相続税の計算を行う場合が具体例として挙げられます。請求ができるのはあくまでも税理士業務について依頼があり、その依頼に関連する事項についてのみです。

　職務上請求書は各税理士会（一部の地域では県連又は支部）で入手することができます。

　税理士の職務上請求についてより詳しく知りたい方は、「戸籍謄本・住民票の写し等職務上請求書等に関するＱ＆Ａ」（平成 30 年 7 月 25 日 日本税理士会連合会業務対策部）をご覧ください。Ｑ＆Ａ形式で解説されています。

　なお、筆者の周りの税理士をヒアリングした限り、税理士の職務上請求の利用頻度は極めて低いようです。税理士が戸籍や住民票を職務上請求をすることが可能なことを知らず、依頼者から直接委任状をもらって取得していると聞いたこともあります。

 県外にある不動産の登記申請の依頼は可能でしょうか？

Ａ　可能です。現在は、オンライン申請といってインターネット経由で登記手続きを申請することが主流です。登記の申請書はインターネット経由で送り、添付書面（遺産分割協議書や戸籍謄本など）は別に郵送する扱いです。そのため、県外の遠方の法務局に対してでも県内の近隣の法務局に対してでも登記申請方法はほとんど変わりません。

　ただし、補正通知（法務局からの登記申請に対する修正の指示）がある場合は、遠方の法務局まで出向く必要がある場合もあります。司法書士からすると県外まで出向き修正をする負担がかかります。受託を躊躇する司法書士もいるかもしれません。

2-9 相続の手続きの依頼を受けた場合に、税理士と司法書士とどちらが主体的に遺産分割協議書を作成するのでしょうか?

A ケースバイケースです。税理士が主導で作成しても司法書士が主導で作成しても、相互の確認後に依頼者から押印をもらうと良いです。

　税理士が主導して作成した遺産分割協議書について、司法書士の確認なしに押印をもらってしまったケースで、遺産分割協議書に記載をした不動産の記載に誤りがあり登記ができないことが過去にありました。仮に捨印が押印してあっても、捨印では形式的な事項しか修正できません。

　最低限、不動産の物件の記載のみでも確認してもらってから押印をもらうことをお勧めします。

Q 2-10 相続登記の登録免許税はどのように計算するのでしょうか?

A 不動産登記の申請の際には、法務局で登録免許税の納付が必要となります。登録免許税は、以下のように計算します。

　不動産の価額 × 0.4% = 相続登記にかかる登録免許税

※　不動産の価額とは、市区町村役場で発行している固定資産税の証明書において、一般的に「本年度価格」「〇〇年度価格」又は「評価額」と表記されている価格であり、「固定資産税課税標準額」ではありません。登記申請時の価額を基準として算出します。

※　計算した額に100円未満の端数があるときはこれを切り捨てます。

　固定資産税の評価証明書で確認できれば良いのですが、見積もりに使用するだけならば固定資産税の納税通知書(納付書)の後ろに添付される固

定資産税課税明細書でも確認をすることができます。

　登記申請の際には、固定資産評価証明書又は固定資産評価通知が必要だと案内をする司法書士もいるでしょう。

　※　固定資産評価通知は無償で取得することができます。

　なお、令和2年4月1日以後に開始する相続については、「配偶者居住権」が適用されます。この配偶者居住権の設定登記には「不動産（居住建物）の価額×0.2％」の登録免許税がかかります。

　※　配偶者居住権は、相続開始時に配偶者が居住していた被相続人の所有建物について終身又は一定期間、配偶者が無償で居住し続けられる権利です。平成30年の民法改正で新設されました。

Q2-11　相続登記の報酬の目安を教えてください。

Ａ　平成30年1月に実施された日本司法書士会連合会のアンケート結果をご確認ください。

　「相続を原因とする土地1筆及び建物1棟（固定資産評価額の合計1,000万円）の所有権移転登記手続の代理業務を受任し、戸籍謄本等5通の交付請求、登記原因証明情報（遺産分割協議書及び相続関係説明図）の作成及び登記申請の代理をした場合」を前提として地域ごとのアンケート結果をまとめたものです。

　この図の見方には注意が必要です。税理士が依頼の起点となる場合は、前提として相続税の申告対象であるなど、依頼者が富裕者層であることが想定されます。このアンケート結果は、その層を前提としていません。単純に平均値をとって司法書士報酬の案内をすると実際の相場とはずれてしまいます。高額者10％の平均の金額で案内をしておくほうが実情に合う

	低額者 10％の平均	全体の平均値	高額者 10％の平均
北海道地区	28,320 円	60,983 円	97,843 円
東北地区	35,457 円	60,667 円	99,733 円
関東地区	39,212 円	65,800 円	103,350 円
中部地区	37,949 円	63,470 円	116,580 円
近畿地区	45,842 円	78,326 円	118,734 円
中国地区	37,037 円	65,670 円	111,096 円
四国地区	40,683 円	65,578 円	99,947 円
九州地区	38,021 円	62,281 円	96,892 円

〈出典〉日本司法書士会連合会ホームページ「報酬アンケート結果（平成 30 年 1 月実施）」

形になるでしょう。

 Q 2-12 相続登記を申請してから登記完了までの期間を教えてください。

A 　登記申請を申請してから登記完了までは、管轄の法務局ごとにバラツキがあります。法務局のホームページ中に、各庁の登記完了予定日という項目があるので確認の上連絡すると良いでしょう。

　ホームページを確認する余裕がない場合は、1 週間から 1 週間半程度と言っておけば一応の目安となるでしょう。

2-13 相続人が海外にいる場合はどのように対応すれば良いでしょうか？

 相続人が海外にいる場合は、日本の市区町村役場で相続手続きに必要な印鑑証明書の発行をしてもらえません。

　日本人が海外にいる場合は、在外の日本大使館又は領事館でサイン証明書を発行してもらい印鑑証明書の代替とします。外国籍の相続人が海外にいる場合は、在外の公証役場でサイン証明を取得してもらうことになります。

　初回の案内としては、①印鑑証明書が発行されないこと、②その代わりにサイン証明が必要となること、③サイン証明の取得には時間がかかることを伝えると良いでしょう。

 2-14 相続人に行方不明者がいる場合は、どのように対応すれば良いでしょうか？

 相続人中に行方不明者がいる場合は、家庭裁判所に不在者財産管理人の選任を求め、選任された不在者財産管理人と遺産分割協議をすることになります。

　不在者財産管理人の選任をするため、手続きに数か月かかります。

 2-15 相続人が認知症等により判断能力を欠き意思表示できない場合は、どのように対応すべきでしょうか？

 相続人の中に認知症を患う方がいる場合は、判断能力との関係で遺

産分割協議ができない場合があります。イチ司法書士としての個人的な経験に過ぎませんが、税理士はマイナンバー（個人番号）の提供を通じて本人確認をしているのでしょうが、認知症の依頼者の意思確認については不十分という印象があります。

　司法書士が依頼を受ける際には、判断能力の欠けた認知症の依頼者から相続登記の依頼を受けることは原則できません。その意味で、認知症の疑いがある相続人がいるケースで、司法書士に相続登記の依頼をつなぐ際には事前に担当司法書士に相談することが必須です。

　なお、認知症と成年後見制度は相関関係と言えます。成年後見制度については、「第5章　成年後見編」をご参照ください。

　※　本人確認＝依頼者が依頼された事務の適格な当事者であることの確認
　※　意思確認＝依頼の内容の確認及びその内容に基づく事務についての依頼の意思の確認

【司法書士との連携において注意すること】

　遺産分割協議書等の書類に関しては、事前に司法書士に確認をとってから押印手配を進めていただきたいです。登記だけ済ませてほしいというスタンスで連携を取られると、登記手続き上の微妙なテクニック（遺産分割協議書に一定の文言を記載してほしいことがある）を駆使できなかったり、不動産の物件の記載が登記申請に耐えうるかの助言ができなかったりします。

　結果として再度依頼者に書類を手配し、押印をしてもらうことになり、依頼者に迷惑をかけてしまいます。

　また、相続人の中に認知症の疑いがある方がいる場合は、必ず司法書士にその旨を事前に知らせてください。認知症の方が遺産分割協議の当事者となる場合、司法書士は登記申請の依頼を受けることができない可能性が出てきます。依頼者から、税理士が OK を出しているのに、なぜ司法書士は依頼を受けることができないのか問われると回答に窮します。

　以上のように、押印書類の事前確認と相続人中の認知症に注意をして連携を取っていただけると、税理士と司法書士の連携がスムーズにいきます。

●相続登記の手続きにあたって、用意していただく必要のある書類

	書類名	取得先	確認
①	被相続人の出生から死亡までの戸籍謄本	被相続人の本籍地の市区町村役場	☐
②	被相続人の本籍地付きの戸籍の附票（or 本籍地付きの住民票の除票）	被相続人の本籍地の市区町村役場又は被相続人の住所地の市区町村役場	☐
③	相続人の現在の戸籍謄本	相続人の本籍地の市区町村役場	☐
④	相続人の現在の住民票・印鑑証明書	相続人の住所地の市区町村役場	☐
⑤	相続対象の不動産の固定資産税の納税通知書（固定資産評価証明書又は固定資産評価通知があればなお良い）	被相続人の自宅又は不動産所在地の市区町村役場	☐
⑥	場合によっては対象不動産の権利証 →被相続人が登記簿上の住所地を変更していない場合に必要になることがあります	被相続人の自宅 金融機関の貸金庫等	☐

（注）上記全てを完璧に揃えることは難しいかもしれません。難しい場合は担当司法書士にご相談ください。

→依頼者様への配布資料として PDF（9 ページ）もご活用ください。
https://www.skattsei.co.jp/topics/zeirishi_touki/check

遺言

顧問先の経営者に遺言書作成を提案する場合、相続税対策の観点にて税理士から遺言書作成の提案をする場合などが典型例として考えられます。このように遺言書作成の依頼では、一定の割合で税理士が窓口となるケースがあります。

税理士が窓口となった際に、司法書士に取りつなぐまでに依頼者から遺言書作成の説明を求められた場合や、遺言書作成の手続きについて質問を受けた場合を想定して以下のQ＆Aを取りまとめました。

NEW!

Q 2-16 遺言の3つの方式について教えてください。

A 遺言の方式には、自筆証書遺言、公正証書遺言、秘密証書遺言という、3つの方式が定められています。以下それぞれのメリット・デメリットを記載します。

［1］ 自筆証書遺言

自筆証書遺言は、遺言者が、紙に、自ら、遺言の内容の全文（目録については民法改正あり）を手書きし、かつ、日付、氏名を書いて、署名の下に押印することにより作成します。

＜メリット＞
・費用もかからず、いつでも手軽に書ける

＜デメリット＞

- 法律的に見て不備が生じる危険があり、遺言書が無効になってしまうリスク
- 遺言書を訂正する方式が厳格
- 遺言書を発見した者が、家庭裁判所に持参し、遺言書を検認する手続きが必要

＜参考＞

- もともとは全てを自書する必要がありましたが、民法改正により平成31年1月13日から、相続財産の全部又は一部の目録を添付するときは、その目録については自書しなくても良いことになりました。具体的には、パソコンで目録を作成することや銀行通帳のコピーや不動産登記簿等を目録とすることができるようになりました。
- 法務局における遺言書の保管等に関する法律が令和2年7月10日に施行されています。遺言書保管所に保管されている遺言書については、遺言書の検認の手続きが不要となります。遺言書保管に関する法務局の手数料は、申請1件（遺言書1通）につき3,900円です。公正証書遺言のように財産の額を基準として計算せず、申請1件単位で計算します。

［2］公正証書遺言

公正証書遺言は、遺言者が、公証人の面前で、遺言の内容を口授し、それに基づいて、公証人が、遺言者の真意を正確に文章にまとめ、公正証書遺言として作成するものです。

＜メリット＞

- 方式の不備で遺言が無効になるおそれがほぼない
- 家庭裁判所で検認の手続きを経る必要がない
- 遺言書が破棄・隠匿・改ざんされる心配がない

＜デメリット＞
- 費用がかかる
- 証人を 2 人揃える必要がある

[3]　秘密証書遺言

　秘密証書遺言は、遺言者が、遺言の内容を記載した書面（自書である必要はないので、ワープロ等を用いても、第三者が筆記したものでも良い）に署名押印した上で、これを封じ、遺言書に押印した印章と同じ印章で封印した上、公証人及び証人 2 人の前にその封書を提出し、自己の遺言書である旨及びその筆者の氏名及び住所を申述し、公証人が、その封紙上に日付及び遺言者の申述を記載した後、遺言者及び証人 2 人とともにその封紙に署名押印することにより作成されます。

　秘密証書遺言はほとんど使われていないので、ここでは紹介するに留めます。

依頼者には、自筆証書遺言と公正証書遺言のどちらを勧めるべきでしょうか？

A　民法改正及び法務局における遺言書の保管等に関する法律により自筆証書遺言が格段に使いやすくなったことは間違いありません。しかし、法律上不備が生じる危険があり、遺言書が無効になってしまうリスクは残るので、法的安定性のことを考えるならば公正証書遺言を勧めるべきです。

　とは言え、最終的には、メリットとデメリットを説明し依頼者の判断に任せることが良いでしょう。

Q 2-18 公正証書遺言作成にあたり、公証役場に提出する必要書類を教えてください。

A 　公正証書遺言の作成を依頼される場合には、以下の資料の提出が望ましいです。事案に応じ、他にも資料が必要となる場合もあります。最終的には、担当する司法書士を経由して最寄りの公証役場に確認すると良いでしょう。

- 遺言者本人の本人確認資料（印鑑証明書又は運転免許証等顔写真入りの公的機関の発行した証明書のいずれか1つ）
- 財産を相続人に遺贈する場合には、遺言者と相続人との続柄がわかる戸籍謄本
- 財産を相続人以外の人に遺贈する場合には、その人の住民票（法人の場合には登記簿（履歴事項証明書））
- 財産の中に不動産がある場合には、その登記簿（履歴事項証明書）と、固定資産評価証明書又は固定資産税・都市計画税納税通知書中の課税明細書
- 遺言書中に、預貯金について、「○○銀行○支店口座番号○○の預金」のように、銀行名等を個別に記載する場合は、これらの事項がわかる通帳の該当箇所のコピー
- 証人2人のお名前、住所、生年月日及び職業をメモしたもの
  - →ただし、メモ書きよりは証人の住民票、免許証又は保険証のコピーが望ましい
- 遺言執行者の住所、職業、氏名、生年月日をメモしたもの
- 遺言者の職業をメモしたもの
- 遺言内容を記載したもの（メモ書きでも良い）

公正証書遺言作成にあたり戸籍謄本や住民票の取得をする際に、司法書士に職務上請求をしてもらうことは可能でしょうか？

 不可です。公正証書遺言原案作成に必要な資料を収集するために、司法書士の職務上請求を行使することはできません。公正証書遺言作成を援助することは、本来的な司法書士業務ではないからです。

 遺言書作成の依頼を受けた場合に、税理士と司法書士とどちらが主体的に公証人作成の遺言書の原案を確認すべきでしょうか？

A 公正証書遺言は、公証人が、遺言者の真意を正確に文章にまとめ、公正証書遺言として作成するものです。

　公証人といえども、税務や登記について専門的知識があるとは限らないので、公証人が作成した原案の確認については、税理士は税務の観点から、司法書士は登記の観点から共同してすべきです。

Q 2-21 公正証書遺言作成にあたり、公証役場の実費はどのように計算するのでしょうか？

A 公正証書遺言の作成費用は、公証人手数料令という政令で定められています。以下その概要を記載します。

【公正証書遺言の作成費用】

1 　まず、遺言の目的たる財産の価額に対応する形で、その手数料が、下記のとおり、定められています。

（公証人手数料令第 9 条別表）

目的の価額	手数料
100 万円以下	5,000 円
100 万円を超え 200 万円以下	7,000 円
200 万円を超え 500 万円以下	1 万 1,000 円
500 万円を超え 1,000 万円以下	1 万 7,000 円
1,000 万円を超え 3,000 万円以下	2 万 3,000 円
3,000 万円を超え 5,000 万円以下	2 万 9,000 円
5,000 万円を超え 1 億円以下	4 万 3,000 円
1 億円を超え 3 億円以下	4 万 3,000 円に超過額 5,000 万円までごとに 1 万 3,000 円を加算した額
3 億円を超え 10 億円以下	9 万 5,000 円に超過額 5,000 万円までごとに 1 万 1,000 円を加算した額
10 億円を超える場合	24 万 9,000 円に超過額 5,000 万円までごとに 8,000 円を加算した額

2 　上記の基準を前提に、具体的に手数料を算出するには、下記の点に留意が必要です。
　① 　財産の相続又は遺贈を受ける人ごとにその財産の価額を算出し、これを上記基準表に当てはめて、その価額に対応する手数料額を求め、これらの手数料額を合算して、当該遺言書全体の手数料を算出します。
　② 　遺言加算といって、全体の財産が 1 億円以下のときは、上記①によって算出された手数料額に、 1 万 1,000 円が加算されます。
　③ 　さらに、遺言書は、通常、原本、正本、謄本を各 1 部作成し、原本は法律に基づき役場で保管し、正本と謄本は遺言者に交付しますが、原本についてはその枚数が法務省令で定める枚数の計算方法により 4 枚（法務省令で定める横書の証書にあっては、 3 枚）を超えるときは、超える 1 枚ごとに 250 円の手数料が加算され、また、正本と謄本の交付にも 1 枚につき 250 円の割合の手数料が必要となります。

④　遺言者が病気又は高齢等のために体力が弱り公証役場に赴くことができず、公証人が、病院、ご自宅、老人ホーム等に赴いて公正証書を作成する場合には、上記①の手数料が50％加算されるほか、公証人の日当と、現地までの交通費がかかります。

⑤　公正証書遺言の作成費用の概要は、ほぼ以上でご説明できたと思いますが、具体的に手数料の算定をする際には、上記以外の点が問題となる場合もあります。しかし、あまり細かくなりますので、それらについては、それが問題となる場合に、それぞれの公証役場で、ご遠慮なくお尋ね下さい。

〈出典〉日本公証人連合会ホームページ（一部改変）

Q 2-22　公証役場の実費の計算例を示してください。

　公正証書遺言の例とその例に基づく手数料を以下のように示します。

［1］公正証書遺言の例

　山田一郎さんの財産は、不動産（1,000万円）と預貯金（1,000万円）です。
＜遺言の内容＞

①　不動産（1,000万円）は妻・幸子に相続させる。

②　預貯金は長男・太郎（300万円）と長女・花子（700万円）に相続させる。

③　先祖の供養等は長女・花子にお願いしたい。

④　長女・花子が自分たちの老後の面倒を見てくれているので報いたい。

［2］手数料

　上記の内容で公正証書遺言を作成した場合の手数料は、相続人が相続する財産の額に応じて計算されます。おおむね以下のとおりとなります（公

証人手数料令)。

＜手数料＞
- 妻・幸子の相続財産　1,000 万円　　　⇒手数料 1 万 7,000 円
- 長男・太郎の相続財産　300 万円　　　⇒手数料 1 万 1,000 円
- 長女・花子の相続財産　700 万円　　　⇒手数料 1 万 7,000 円
- 相続財産の総額が 1 億円未満の場合は加算⇒手数料 1 万 1,000 円

　　　　　合　計　　　　　　　　手数料 5 万 6,000 円

※　この他に、公正証書遺言の用紙代が数千円かかります。

Q 2-23　公正証書遺言書作成援助の報酬の目安を教えてください。

A　平成 30 年 1 月に実施された日本司法書士会連合会のアンケート結果をご確認ください。

　遺言公正証書の原案を起案し、公証人役場へ同行し、立会証人となり、公正証書遺言作成嘱託のサポートをした場合を前提として地域ごとのアンケート結果をまとめたものです。

　この図の見方には注意が必要です。【コメント】にあるように、この設例においては、作成する原案の複雑さの程度、原案を作成するまでに要した相談の回数や時間、証人となることなどは考慮されているものと考えられます。

　別の言い方をすると、その考慮しかしていません。税理士が依頼の起点となる場合は、会社経営者や相続税を申告する必要のあるような富裕層であることが想定されますが、このアンケート結果は、その層を前提としていません。

　経営者層や富裕者層の作成する遺言は、内容も複雑で対象となる相続財

産も多岐にわたると推測します。単純に平均値をとって司法書士報酬の案内をすると、実際の相場とはずれてしまいます。実際には見積もりを取らないとわからない、あくまで参考額として依頼者には伝えるべきでしょう。

　また、遺言執行者としての報酬は含まれていないこともしっかりと注意喚起して伝えるべきです。

〔有効回答数：823〕

	低額者 10％の平均	全体の平均値	高額者 10％の平均
北海道地区	17,971 円	49,141 円	89,200 円
東北地区	15,317 円	43,394 円	92,711 円
関東地区	18,181 円	60,232 円	112,949 円
中部地区	16,000 円	55,299 円	158,264 円
近畿地区	20,363 円	67,296 円	141,269 円
中国地区	16,111 円	46,962 円	105,046 円
四国地区	8,850 円	40,641 円	104,000 円
九州地区	17,917 円	49,069 円	102,920 円

【コメント】
　この設例においては、作成する原案の複雑さの程度、原案を作成するまでに要した相談の回数や時間、証人となることなどが考慮されているものと考えられます。
　なお、この設例においては、遺言執行者としての報酬は含まれていません。
　詳細については、あらかじめ司法書士に確認してください。

〈出典〉日本司法書士会連合会ホームページ「報酬アンケート結果（平成 30 年 1 月実施）」

Q 2-24 司法書士が遺言執行者に就任する場合は、遺言執行者として遺言書作成とは別に報酬がかかると聞きました。遺言執行者の報酬について教えてください。

A 遺言執行者の報酬額は、遺言書に定めがある場合はそれによります。遺言書への定めは、経済的な利益の額（相続財産の額）によって、固定額と一定割合で決まるケースが多いです。

参考までに、旧日本弁護士連合会報酬等基準は以下のように定めています。

〈経済的な利益の額〉
- 300万円以下の場合：30万円
- 300万円を超え3,000万円以下の場合：2％＋24万円
- 3,000万円を超え3億円以下の場合：1％＋54万円
- 3億円を超える場合：0.5％＋204万円

遺言書に定めがない場合、遺言執行者と相続人との間で報酬額についての合意が整えばそれに従います。

合意が整わない場合、遺言執行者は、相続開始地の家庭裁判所に対し、報酬付与の審判の申立てを行うことができます。家庭裁判所は、遺言執行者の状況や、遺言執行に要した労力等を考慮して、報酬額を決定します。

なお、報酬付与の審判が確定した場合には、特段の事情がない限り、報酬額を争うことはできません。

2-25 公正証書遺言作成にかかる期間を教えてください。

A 公証役場に資料や遺言書の内容のメモ書きを提出してから、数日で原案が作成されてきます。その原案を依頼者に見せ、内容について確認をとります。その後、公証役場の予約をとり遺言書作成日当日を待ちます。

とは言え、遺言書の内容や資産の状況、家族構成により差異があるので正確な期間はわかりません。

筆者の経験則からすると、資料収集開始から2週間〜3か月程度で遺言書作成手続きが完了している印象があります。

例えば、推定相続人が3名程度、相続財産も自宅と現金のみであるような場合ならば資料収集も早く2週間程度での遺言書作成も可能でしょう。

一方、推定相続人が10名程度、相続財産も10筆の不動産、金融資産の種類も豊富という場合ならば資料収集の時間がかかり、3か月程度は予定しておいたほうが良いでしょう。

 【司法書士との連携において注意すること】

民法改正及び法務局における遺言書の保管等に関する法律により、自筆証書遺言を選択する依頼者が一定数は増えると想像します。

公正証書遺言がお勧めであることには変わりませんが、依頼者の希望が自筆証書遺言の作成である可能性もあります。

税理士が依頼者の希望を確認していただくと、事後の司法書士への連携がスムーズになります。

依頼者様用 ～必要書類のご案内～

●公正証書遺言作成にあたって、用意していただく必要のある書類

	書類名	取得先	確認
①	遺言者本人の本人確認資料（印鑑証明書又は運転免許証等顔写真入りの公的機関の発行した証明書のいずれか1つ）	遺言者の住所地の市区町村役場又は自宅	☐
②	財産を相続人に遺贈する場合には、遺言者と相続人との続柄がわかる戸籍謄本	相続人の本籍地の市区町村役場	☐
③	財産を相続人以外の人に遺贈する場合には、その人の住民票（法人の場合には登記簿（履歴事項証明書））	住所地の市区町村役場又は法務局	☐
④	財産の中に不動産がある場合には、その登記簿（履歴事項証明書）と、固定資産評価証明書又は固定資産税・都市計画税納税通知書中の課税明細書	法務局 不動産所在地の市区町村役場	☐
⑤	遺言書中に、預貯金について、「〇〇銀行〇支店口座番号〇〇の預金」のように、銀行名等を個別に記載する場合は、これらの事項がわかる通帳の該当箇所のコピー	自宅	☐
⑥	証人2人のお名前、住所、生年月日及び職業をメモしたもの →ただし、メモ書きよりは証人の住民票、免許証又は保険証のコピーが望ましい	―	☐
⑦	遺言執行者の住所、職業、氏名、生年月日をメモしたもの	―	☐
⑧	遺言者の職業をメモしたもの	―	☐
⑨	遺言内容を記載したもの（メモ書きでも良い）	―	☐

（注）上記全てを完璧に揃えることは難しいかもしれません。難しい場合は担当司法書士にご相談ください。

→依頼者様への配布資料としてPDF（10ページ）もご活用ください。
https://www.skattsei.co.jp/topics/zeirishi_touki/check

法定相続情報証明制度

　法定相続情報証明は、相続税の申告書への添付が認められるようになるなど税理士にとっても使用する機会が増えてきました。司法書士が法定相続情報証明を代理人として申請するケースだけでなく、税理士自身が法務局に代理人として申請をして、法定相続情報証明を作成しているケースも出てきました。

　第3節では、法定相続情報証明制度作成に関して税理士や税理士事務所職員からよくいただく質問とその回答を、以下のＱ＆Ａにまとめました。

 法定相続情報証明制度について教えてください。

Ａ　法定相続情報証明制度とは、相続人が法務局に相続人・被相続人の戸除籍謄本等を提出し、併せて相続関係を一覧に表した表（法定相続情報一覧図）を作成して提出すれば、登記官が必要な戸籍関係書類等一式が揃っているかどうかを確認の上、戸籍及び相続に関する法令に基づき、その法定相続情報一覧図と戸籍関係書類等一式を読み解き照合して、その法定相続情報一覧図の写しを作成・認証し、相続人に交付する制度です。

【法定相続情報一覧図の保管及び一覧図の写し】

（記載例）　　　　　法定相続情報番号　００００－００－０００００

被相続人法務太郎法定相続情報

> 一覧図は、登記所において唯一の番号により保管・管理される。

最後の住所　○県○市○町○番地
最後の本籍　○県○郡○町○番地
出生　昭和○年○月○日
死亡　平成２８年４月１日
（被相続人）
法　務　太　郎

住所　○県○郡○町３４番地
出生　昭和４５年６月７日
（長男）
法　務　一　郎　（申出人）

住所　○県○市○町三丁目４５番６号
出生　昭和４７年９月５日
（長女）
相　続　促　子

住所　○県○市○町三丁目４５番６号
出生　昭和○年○月○日
（妻）
法　務　花　子

住所　○県○市○町五丁目４番８号
出生　昭和５０年１１月２７日
（養子）
登　記　進

以下余白

作成日：○年○月○日
作成者：○○○士　　○○　　○○
　（事務所：○市○町○番地）

✓　法定相続情報一覧図の写しは、偽造防止措置の施された専用紙で作成される。

> 以下のとおり、申出日を含んだ認証文、一覧図の写しの発行日、登記所名等、登記官印、注意事項が印字される。

> 頁番号及び総頁数が振られる。相続人が多く、法定相続情報一覧図が２枚以上にわたる場合も想定

これは、令和○年○月○日に申出のあった当局保管に係る法定相続情報一覧図の写しである。

令和○年○月○日
○○法務局○○出張所

登記官　　　　○○　　○○

職印

注）本書面は、提出された戸除籍謄本等の記載に基づくものである。相続放棄に関しては、本書面に記載されない。また、被相続人の死亡に起因する相続手続及び年金等手続以外に利用することはできない。

整理番号　Ｓ００００００　１／１

〈出典〉法務省民事局「法定相続情報証明制度について（令和３年４月１日改訂）」

法定相続情報証明制度が導入された経緯を教えてください。

 相続人の相続手続きの負担軽減と相続人に対する相続登記の促進の契機を創出すれば、不動産の相続登記がされないまま放置されることを抑止できると法務省は考えました。この結果として、不動産登記規則を改正して、法定相続情報証明制度を創設しました。

平成29年5月29日からその運用を開始したところです。

 法定相続情報証明を戸籍謄本に代えて、相続税の申告書へ添付し使用することはできますか？

 被相続人との続柄について、戸籍謄本に記載される続柄（例：子であれば「長男」「長女」「養子」など）を記載することで、原則として相続税の申告書の添付書類に法定相続情報一覧図を使用することができます。

平成30年4月1日から、法定相続情報証明制度の利用範囲の拡大のため、取扱いを変更しました。

 相続登記等における相続人の住所を証する情報の取扱いについても、変更があったと聞きました。この変更について教えてください。

 平成30年4月1日から相続登記等の申請において、戸除籍謄本の代わりに法定相続情報一覧図の写しを提供する際、一覧図の写しに相続人の住所が記載されている場合には、相続人の住所を証する情報（住民票の

写し）を提供しなくても差し支えないこととなりました。

 2-30 法定相続情報証明制度を利用することができる方（申出人）について教えてください。

A 被相続人の相続人（又はその相続人）です。

 2-31 法定相続情報証明制度の申出を委任できる資格について教えてください。

A 法定相続情報証明制度の申出は、申出人からの委任によって、代理人に依頼することができます。代理人として、親族のほか、弁護士、司法書士、土地家屋調査士、税理士、社会保険労務士、弁理士、海事代理士及び行政書士に依頼することができます。

税理士も含まれている点は注目です。

 2-32 法定相続情報一覧図の保管及び一覧図の写しの交付の申出の手続きにあたって、用意してもらう必要のある書類を教えてください。

A 以下の書類をご準備ください。
- 被相続人出生から死亡までの戸除籍謄本
- 被相続人の住民票の除票
- 相続人の戸籍謄抄本
- 申出人の氏名・住所を確認することができる公的書類

→運転免許証のコピー、マイナンバーカードの表紙のコピー又は住
民票の写しの中のいずれか
・各相続人の住民票の写し
・委任による代理人が申出の手続きをする場合
① 委任状
② （親族が代理する場合）申出人と代理人が親族関係にあることがわ
かる戸籍謄本
③ （資格者代理人が代理する場合）資格者代理人団体所定の身分証明
書の写し等

 法定相続情報一覧図の保管及び一覧図の写しの交付の
申出の手続きの実費は、どのように計算するのでしょ
うか？

 無料です。ただし、郵送で法務局に申請する場合は郵送費がかかり
ます。

 法定相続情報一覧図の保管及び一覧図の写しの交付を
司法書士に依頼した場合の、報酬の目安を教えてくだ
さい。

 比較的新しい制度なので、報酬の額についてアンケート結果もなく
詳細を伝えることができません。

インターネットのホームページから判断すると、2万円〜4万円程度が
相場だと推測します。詳細は担当司法書士にご確認ください。

2-35 法定相続情報一覧図の保管及び一覧図の写しの交付の申出の代理を税理士がする場合、戸籍の職務上請求を税理士自身がすることは可能でしょうか？

A 可能です。職務上請求書は、税理士が依頼者から依頼を受けた税理士業務を遂行するにあたり使用することができます。

「法定相続情報一覧図の保管及び法定相続情報一覧図の写し」の交付の申出の代理も税理士業務ですので、戸籍の職務上請求は可能です。

【司法書士との連携において注意すること】

　法定相続情報証明制度は、相続登記の必要性についての意識向上を目的として始まった新しい制度です。相続税の申告書の添付書類としても使用できるようになったため、税理士の使用する機会も増えるかもしれません。

　司法書士に法定相続情報証明の作成の依頼をする際には、相続税の申告書の添付書類として使える要件を備えるように一言伝えてあげると親切です。

　被相続人との続柄について、戸籍謄本に記載される続柄（例：子であれば「長男」「長女」「養子」など）を記載することで、原則として相続税の申告書の添付書類に法定相続情報一覧図を使用することができます。

　また、税理士が申請代理人となり法定相続情報証明の作成をする際には、法定相続情報一覧図に相続人の住所の記載をした上で申請をしていただくと担当する司法書士に対して親切です。

　相続登記等の申請において、戸除籍謄本の代わりに法定相続情報一覧図の写しを提供する際、一覧図の写しに相続人の住所が記載されている場合には、相続人の住所を証する情報（住民票）を提供しなくても良いこととなりました。法定相続情報一覧図に住所の記載がない場合は、別に住民票を登記申請の添付書面とする必要があります。

　せっかく法定相続情報一覧図を作成していただけるならば、用途を広くしていただけると司法書士としては助かります。

●法定相続情報一覧図の保管及び一覧図の写しの交付の申出の手続きにあたって、用意していただく必要のある書類

～必ず用意する書類～

	書類名	取得先	確認
①	被相続人（亡くなられた方）の戸除籍謄本 出生から亡くなられるまでの連続した戸籍謄本及び除籍謄本を用意してください。	被相続人の本籍地の市区町村役場	☐
②	被相続人（亡くなられた方）の住民票の除票 被相続人の住民票の除票を用意してください。	被相続人の最後の住所地の市区町村役場	☐
③	相続人の戸籍謄抄本 相続人全員の現在の戸籍謄本又は抄本を用意してください。	各相続人の本籍地の市区町村役場	☐
④	申出人（相続人の代表となって、手続を進める方）の氏名・住所を確認することができる公的書類 具体的には、以下に例示（※1）する書類のいずれか1つ ・運転免許証のコピー（※2） ・マイナンバーカードの表面のコピー（※2） ・住民票記載事項証明書（住民票の写し）など ※1　上記以外の書類については、登記所に確認してください。 ※2　原本と相違がない旨を記載し、申出人の記名をしてください。	―	☐

（注）被相続人の兄弟姉妹が法定相続人となるときなど、法定相続人の確認のために上記①の書類に加えて被相続人の親等に係る戸除籍謄本の添付が必要な場合があります。

→依頼者様への配布資料として PDF（11 ページ）もご活用ください。
　https://www.skattsei.co.jp/topics/zeirishi_touki/check

～必要となる場合がある書類～

	書類名	取得先	確認
⑤	（法定相続情報一覧図に相続人の住所を記載する場合）各相続人の住民票記載事項証明書（住民票の写し）法定相続情報一覧図に相続人の住所を記載するかどうかは、相続人の任意によるものです。	各相続人の住所地の市区町村役場	☐
⑥	（委任による代理人が申出の手続きをする場合） ⑥-1　委任状 ⑥-2　（親族が代理する場合）申出人と代理人が親族関係にあることがわかる戸籍謄本（①又は③の書類で親族関係がわかる場合は、必要ありません） ⑥-3　（資格者代理人が代理する場合）資格者代理人団体所定の身分証明書の写し等	⑥-2について、市区町村役場	☐
⑦	（②の書類を取得することができない場合）被相続人の戸籍の附票 被相続人の住民票の除票が市区町村において廃棄されているなどして取得することができない場合は、被相続人の戸籍の附票を用意してください。	被相続人の本籍地の市区町村役場	☐

〈出典〉法務省ホームページ

→依頼者様への配布資料として PDF（12 ページ）もご活用ください。
https://www.skattsei.co.jp/topics/zeirishi_touki/check

法定相続情報証明制度の問題点

　平成29年5月29日から法定相続情報証明制度の運用が開始され、令和4年の現時点で5年が経過しています。法務局が無料で必要な枚数を交付してくれる、複数の金融機関で相続手続きをする際に戸籍の束を持ち歩かなくとも良いなどの便利な面がある一方で、この5年の間に制度の問題点も見えてきました。

問題点①　士業への報酬が必要

　法務局への手数料はかかりませんが、制度を利用するための書類作成・申請手続きなどを士業へ依頼する場合には、報酬が必要になります。相続手続きをする金融機関や証券会社の数が少ない場合は、戸籍の束を持ち歩くことが不便ではなく、コストをかけてまで作成するメリットが少ないこともあります。

問題点②　金融機関等への周知が不十分

　一部の金融機関や証券会社では、いまだに法定相続情報一覧図の写しを受け付けてくれないことがあります。

問題点③　法定相続情報一覧図の写しの内容に誤りがあるケースもある

　法定相続情報一覧図の写しは戸籍そのものではなく、戸籍をもとにして法定相続人が誰であるかを登記官が証明しているに過ぎません。中には法定相続情報一覧図の中の氏名に誤りがあるケースが稀にあります（筆者は実際に誤りを見つけたことがあります）。そのため、筆者は法定相続情報が提出されても、念のため戸籍を再確認しています。司法書士によってスタンスが分かれるところですが、法定相続情報がある場合でも、筆者のように戸籍の束を確認したいという司法書士は一定数いるはずです。

第4節 相続放棄

　顧問先の社長が相続人となったが、資産よりも借金のほうが多いと思われる場合や、相続の相談を受けている中で資産よりも借金のほうが多いと思われる場合など、税理士が起点となって司法書士が相続放棄の申述の相談を受ける場合があります。

　第4節では、相続の放棄の申述に関して税理士や税理士事務所職員からよくいただく質問とその回答を、以下のQ&Aにまとめました。

Q 2-36 相続の放棄について簡潔に教えてください。

A 　相続が開始した場合、相続人は次の3つのいずれかを選択することができます。

・単純承認
　　⇒相続人が被相続人（亡くなった方）の土地の所有権等の権利や借金等の義務を全て受け継ぐこと

・相続放棄
　　⇒相続人が被相続人の権利や義務を一切受け継がないこと

・限定承認
　　⇒被相続人の債務がどの程度あるか不明であり、財産が残る可能性もある場合等に、相続人が相続によって得た財産の限度で被相続人の債務の負担を受け継ぐこと

相続人が、相続放棄又は限定承認をするには、家庭裁判所にその旨の申

述をする必要があります。

 相続の放棄の申述について、家庭裁判所に提出する必要書類を教えてください。

 典型例である、被相続人の配偶者や被相続人の子が相続放棄をする場合を例として、以下記載します。なお、相続放棄の対象者が異なる場合（例：代襲相続人）は、担当司法書士にご確認ください。

＜必要書類＞
　①　被相続人の住民票の除票又は戸籍の附票
　②　申述人（放棄する方）の戸籍謄本
・申述人が、被相続人の配偶者の場合
　③　被相続人の死亡の記載のある戸籍（除籍、改製原戸籍）謄本
・申述人が、被相続人の子の場合
　③　被相続人の死亡の記載のある戸籍（除籍、改製原戸籍）謄本

Q2-38 相続の放棄の申述にあたり、実費はどのように計算するのでしょうか？

A 実費は以下のとおりです。
・収入印紙：800円分（申述人1人につき）
・切手：470円程度（各裁判所によって異なります）
　合計1,300円程度であることが多いです。

2-39 相続の放棄の申述の司法書士報酬の目安を教えてください。

A 平成 30 年 1 月に実施された日本司法書士会連合会のアンケート結果の中には、相続の放棄の申述の報酬についてのデータが掲載されていません。

筆者自身の経験則と複数の司法書士のインターネットのホームページを閲覧した結果として、基本報酬に加えて相続放棄をする人数が増えるたびに報酬が増える料金体系をとっている事務所が多いようです。基本報酬 3 万円〜 5 万円程度、相続放棄者 1 名追加するごとに 1 万円〜 2 万円程度と推測します。

なお、相続開始から 3 か月以内の場合か相続開始から 3 か月が経過した場合で、基本報酬に変動がある事務所もあるようです。詳細は担当司法書士にご確認ください。

 2-40 相続の放棄の申述をする家庭裁判所の管轄を教えてください。

 被相続人の最後の住所地の家庭裁判所に申立てをする必要があります。

相続の放棄の申述をすることができる期間を教えてください。

A 原則として、自己のために相続の開始があったことを知ったときから3か月以内にする必要があります。

 相続が開始してから3か月を経過すると、相続放棄をすることができなくなるのですか？

A 相続放棄の申述は、相続人が相続開始の原因たる事実（被相続人が亡くなったこと）及びこれにより自己が法律上相続人となった事実を知ったときから、3か月以内に行わなければなりません。

ただし、相続財産が全くないと信じ、かつそのように信じたことに相当な理由があるときには、相続財産の全部又は一部の存在を認識したときから3か月以内に申述すれば、相続放棄の申述が受理されることもあります。例えば、子が別居する音信不通状態にある父の死を知ったのちに、父に負債があることを認識した場合が考えられます。

詳細は担当司法書士にご確認ください。

 亡くなられた方（被相続人）の兄弟姉妹が相続放棄をすることがあると聞きました。どういうことでしょうか？

A 被相続人の妻や子、両親が全員相続放棄をした場合は、被相続人の兄弟姉妹が相続人となります。このため、被相続人が債務超過であった場

合には、被相続人の兄弟姉妹も相続放棄をする必要が出てきます。

　被相続人の兄弟姉妹は自身が相続人になっている認識が薄いため、注意喚起が必要です。

【司法書士との連携において注意すること】

　相続放棄の申述は、相続人が相続開始の原因たる事実（被相続人が亡くなったこと）及びこれにより自己が法律上相続人となった事実を知ったときから3か月以内に行わなければなりません。タイトな時間で進めていく必要があるので、初回に相談を受けた税理士の初動と迅速に司法書士につないでいくスピード感が大事です。

　また、亡くなられた方（被相続人）の兄弟姉妹が相続放棄により相続人になりえることは、被相続人の妻や子、両親は想定していないことが多いです。この点も早い段階で指摘があると良いでしょう。

●相続の放棄の申述にあたって、用意していただく必要のある書類

	書類名	取得先	確認
①	被相続人の住民票の除票又は戸籍の附票	住民票は、住所地の市区町村役場 戸籍の附票は本籍地の市区町村役場	☐
②	申述人（放棄する方）の戸籍謄本	申述者の本籍地の市区町村役場	☐
③	【申述人が、被相続人の配偶者の場合】 被相続人の死亡の記載のある戸籍（除籍、改製原戸籍）謄本	本籍地の市区町村役場	☐
③	【申述人が、被相続人の子の場合】 被相続人の死亡の記載のある戸籍（除籍、改製原戸籍）謄本	本籍地の市区町村役場	☐

→依頼者様への配布資料として PDF（13 ページ）もご活用ください。
https://www.skattsei.co.jp/topics/zeirishi_touki/check

体験談〜相続人確定の誤りを登記申請前に発見〜

　筆者は、税理士が相続人の確定を誤り相続税の申告をしていた事例を見たことがあります。

　税理士事務所が主導して相続人の間で遺産分割協議を進めることは珍しくありません。今回もその珍しくない事例に遭遇しました。税理士事務所主導で遺産分割協議書が作成され相続税の申告も終わった後に、金融機関を経由して不動産登記の依頼を受けました。依頼を受けた後、戸籍の確認をしていると相続人の確定に誤りがあることに気づきました。

　そもそも、法定相続人になれるのは、配偶者と血族です。被相続人の配偶者はどのような場合であっても法定相続人になります。配偶者以外の法定相続人については相続する順位が定められています。同じ順位の人が複数いる場合は、全員が相続人となります。また、優先順位の人が1人でもいる場合は、後順位の人は相続人になれません。

　表にまとめると以下のようになります。

★配偶者：必ず相続人になる　　★血族：優先順位が高い人が相続人になる

優先順位	血族の種類
第1順位	子及び代襲相続人
第2順位	両親などの直系尊属
第3順位	兄弟姉妹及び代襲相続人

ここで取り上げるのは、①被相続人は配偶者がいないまま30代で死亡、②被相続人の父と母は既に他界している、③被相続人には兄弟がいたケースです。

　書類を見ていると、いわゆる兄弟相続として、被相続人の兄弟が遺産分割協議をしていました。兄弟相続自体は珍しいことではないのですが、注意深く戸籍を見ていると今回は被相続人の祖母（90代）がまだ存命であることに気づきました。被相続人の父母は他界していましたが、被相続人の母の母（被相続人の祖母）は存命だったのです。

　前ページの図にあるように、第2順位の相続人は直系尊属です。直系尊属とは、父母・祖父母など自分より前の世代で、直通する系統の親族のことを言います。先順位の血族である祖母（第2順位）が存命の場合は、後順位の兄弟姉妹（第3順位）は相続人になれません。第2順位の相続人の定義が両親だと記憶をしていると、直系尊属である祖母の存在に気づかず相続人は兄弟相続だと誤解をしてしまいます。今回はまさにそのようなケースでした。

　筆者は、相続登記を申請する前にこの誤解に気づきました。紹介元である金融機関を経由して、相続人確定に誤りがあることを税理士に伝えました。それ以降、税理士からは連絡がなく最終的にこの話がどうなったのか筆者も知りません。相続人の確定は奥が深いと再認識しました。

第**3**章

相続登記等の
義務化編

所有者不明土地の問題を解消するため、所有者不明土地の「発生の予防」と「利用の円滑化」の両面から法制が見直され、令和3年4月21日、「民法等の一部を改正する法律」（令和3年法律第24号）及び「相続等により取得した土地所有権の国庫への帰属に関する法律」（令和3年法律第25号）が成立しました（同月28日公布）。成立した法律の中には、相続の登記を義務化し、義務を怠った場合には10万円以下の過料に処せられるという社会的にもインパクトの強い内容も含まれています。

　そこで、相続実務に関わることが多いと思われる税理士にとっても改正法の知識を習得することは不可欠といえます。

　この習得の一助のために、新版の執筆を契機として新しい章を設けました。

NEW!

Q 3-1 令和3年の民法・不動産登記法改正、及び相続土地国庫帰属法成立の背景について教えてください。

A　所有者不明土地の発生予防と、既に発生している所有者不明土地の利用の円滑化の両面から、総合的な見直しがなされました。

　人口減少等に伴い土地利用のニーズも減っています。使われない土地が増えると、不動産登記簿により所有者が直ちに判明しない、又は、判明しても所有者の所在が不明で連絡が付かない土地（所有者不明土地）や、管理されず放置される土地（管理不全土地）も増えていきます。

　この所有者不明土地や管理不全土地の増加により、土地の取引・防災等のための公共事業・森林や農地の管理など様々な点で支障が生じてます。古くからあった問題ですが、東日本大震災の復興の際に、高台の所有者が不明のために災害公営住宅が建設できなかったことで広く知られるようになりました。

このような必要性を踏まえて、所有者不明土地の発生予防と、既に発生している所有者不明土地の利用の円滑化の両面から法制が見直され、「民法等の一部を改正する法律」と「相続等により取得した土地所有権の国庫への帰属に関する法律」が令和3年4月21日に成立、同月28日に公布されました。

① 　民法の主要な改正
　・所有者不明土地・建物の管理制度の創設
　・共有者が不明である場合の共有地の利用の円滑化
　・長期間経過後の遺産分割の見直し

② 　不動産登記法の主要な改正
　・相続登記・住所変更登記の申請義務化
　・相続登記・住所変更登記の手続きの簡素化・合理化

③ 　相続土地国庫帰属法の創設
　・相続等により土地を取得した者が法務大臣の承認を受けてその土地（一定の要件を満たすものに限る）の所有権を国庫に帰属させることを可能とする制度の創設

　両法律の施行日を大まかにまとめると、以下のようになります。

・民法等の一部を改正する法律は原則として令和5年4月1日
・不動産登記法のうち相続登記義務化関係の改正については令和6年4月1日
・不動産登記法のうち住所変更登記義務化関係の改正については公布後5年以内の政令で定める日（政令は令和4年10月1日時点で未制定）
・相続土地国庫帰属法は令和5年4月27日

　このように、改正法は段階的に順次施行することとされています。

最後に、「民法等の一部を改正する法律」と「相続等により取得した土地所有権の国庫への帰属に関する法律」の概要を以下にまとめてみました。

---

1 **登記がされるようにするための不動産登記制度の見直し**
- 相続登記・住所変更登記の申請義務化
- 相続登記・住所変更登記の手続きの簡素化・合理化　など
  → 発生予防

2 **土地を手放すための制度（相続土地国庫帰属制度）の創設**
- 相続等により土地の所有権を取得した者が、法務大臣の承認を受けてその土地の所有権を国庫に帰属させることができる制度を創設
  → 発生予防

3 **土地利用に関連する民法の規律の見直し**
- 所有者不明土地・建物の管理制度等の創設
- 共有者が不明な場合の共有地の利用の円滑化
- 長期間経過後の遺産分割の見直し　など
  → 土地利用の円滑化

〈出典〉法務省資料をもとに作成

Q 3-2 相続登記が義務化されたと聞きました。この点について教えてください。

A 相続により不動産の所有権を取得した者は、自身のために相続の開始があったことを知り、かつ、所有権を取得したことを知った日から3年以内に、相続登記を申請する義務を負うことになりました。

もともと相続登記は相続人の義務ではなく、相続人が必要に応じて行うものでした。

ところが、相続登記がなされないことが所有者不明土地問題の主な原因であることが国土交通省の調査からわかってきました。令和2年度の調査では、所有者不明土地は24%（筆数ベース）であり、その発生原因として相続登記が未了であることが63%を占めることが判明しました。

　　※　所有者不明土地とは、以下に該当する土地のことです。
　　　・不動産登記簿により所有者が直ちに判明しない土地
　　　・所有者が判明しても、その所在が不明で連絡が付かない土地

所有者不明土地の割合 **24** ％
（R2国交省調査）

原因
相続登記の未了 **63%**　　住所変更登記の未了 **33%**

〈出典〉法務省ホームページ「令和3年民法・不動産登記法改正、相続土地国庫帰属法のポイント（令和4年6月版）」

　このような問題を解消するために、政府は、国策として相続登記の促進に乗り出しました。結果として、所有者不明土地の発生の予防のために相続登記の申請が義務付けられることとなりました。

　具体的な内容は以下のとおりです。

①　自身のために相続の開始があったことを知り、かつ、所有権を取得したことを知った日から3年以内に、相続登記を申請する義務を負います（不動産登記法第76条の2第1項前段）。

②　遺贈（相続人に対する遺贈に限る）により所有権を取得した者も、同様に相続登記の義務を負います（不動産登記法第76条の2第1項後段）。

③　相続人である旨の申出をした場合も、相続登記の義務を履行したものとみなします（不動産登記法第76条の3）。

④　遺産分割成立前に法定相続分の相続登記（例：相続人が妻と子2名の場合　妻1/2　長男1/4　次男1/4）の申請をした場合にも申請義務が履行されたことになります（不動産登記法第76条の2第1項前段及

び2項)。

⑤　相続登記の義務を果たさなかった場合にはペナルティーがあります（不動産登記法第164条）。この詳細はコラム⑧（150ページ）を参照してください。

また、相続登記の義務化にあたり注意しておきたい点は以下のとおりです。

● 前ページ①の3年の起算点は「知ったとき」ですので、過失により両方の事実を知らなかった場合は、「知ったとき」に含まれないものと予想されます。

● 改正後は、「3年」以内に遺産分割協議を成立させることが事実上の目安になるものと予想されます。

● 相続登記の義務化に伴い申請義務を負う者の費用面の負担軽減（相続登記の登録免許税の免税措置）が令和4年度の税制改正によりなされました。

以下2点の特例です（租税特別措置法第84条の2の3）。

＜制度の延長＞

　・適用期限が3年間延長されました（令和7年3月末まで）。

相続により土地を取得した方（図のB）が相続登記をしないで死亡した場合、その方（図のB）への相続登記の登録免許税は免税とされています（租税特別措置法第84条の2の3第1項）。

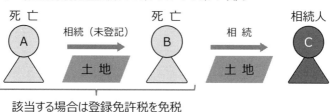

〈出典〉法務省資料をもとに作成

＜制度の拡充＞

- 適用対象となる土地の範囲に市街化区域が加えられました。
- 適用対象となる土地の価額の上限が 100 万円に引き上げられました（改正前は金 10 万円）。

市街化区域の内外を問わず、不動産の価額が 100 万円以下の土地に係る相続登記は免税とされることになりました（租税特別措置法第 84 条の 2 の 3 第 2 項）。

該当する場合は登録免許税を免除

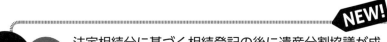

- 不動産の価額が引き上げられました。
  10万円以下 ➡ 100万円以下
- 適用対象が全国の土地に拡充されました。

土 地

不動産の価額が
100万円以下

〈出典〉法務省資料をもとに作成

● 　相続登記の義務化は国民に対して大きな影響を及ぼします。周知期間を設けるため、令和 6 年 4 月 1 日から施行されます（他の改正法は原則として令和 5 年 4 月 1 日に施行されます）。

NEW!

Q **3-3** 法定相続分に基づく相続登記の後に遺産分割協議が成立しました。この場合に気をつけることを教えてください。

A 　遺産分割協議の結果、法定相続分を超えて所有権を取得した者は、その遺産分割の日から 3 年以内に所有権の移転の登記を申請しなければなりません。本来は、死亡→相続人による遺産分割協議→遺産分割に基づく相続登記、という流れで進めるべきですが、相続人同士のもめごと等によ

り遺産分割協議がすぐに成立しないこともあります。

　このような場合、相続人全員の関与がなくとも法定相続分の相続登記を申請することができます。この法定相続分の相続登記の申請をした場合でも、相続登記の申請義務が履行されたことになります。

　このような法定相続分による登記がされた後に、さらに遺産の分割があったときは、その遺産の分割によって法定相続分を超えて所有権を取得した者は、その遺産分割の日から 3 年以内に所有権の移転の登記を申請しなければなりません（不動産登記法第 76 条の 2 第 2 項、同法第 164 条第 1 項）。

　相続実務に関わる税理士は、上記の追加的義務である遺産分割に関する登記申請義務を依頼者に伝え、司法書士事務所へ取りつなぐことがこれまで以上に求められます。

　追加的義務の具体的な内容は以下のとおりです。

　例えば、A が死亡し、その相続人が妻・長男・次男である場合、A の死亡後に妻 1/2　長男 1/4　次男 1/4 の割合で法定相続分の相続登記がなされたとしましょう。その後、妻・長男・次男の間で不動産を長男が単独で相続する旨の遺産分割協議が成立したと想定してみてください。この場

【改正前後の変化】

改正前	改正後
既に法定相続分の相続登記がなされている場合、法定相続分を超えて所有権を取得した相続人と他の相続人との間の共同申請により持分移転登記を申請する必要がありました。 　法定相続分の相続登記の後に、遺産分割を原因とする持分移転登記を申請する際の登録免許税の税率は、固定資産評価額の 1,000 分の 4 となります。	既に法定相続分の相続登記がなされている場合、法定相続分を超えて所有権を取得した相続人が単独で更正登記を申請することができるようになりました。 　この更正登記の登録免許税は不動産 1 個につき 1,000 円となります。

合、長男は遺産分割協議が成立した日から3年以内に、自身を所有権の登記名義人とするための登記を申請する必要があります。この申請は更正の登記（登記事項を訂正する登記のこと）によることができ、長男が単独ですることが可能です。

Q 3-4 新たに創設された相続人申告登記について教えてください。 NEW!

A 相続登記を申請する義務を負う者は、相続が開始した旨及び自らが当該不動産の所有者の相続人である旨を登記官に申し出ることで、相続登記の申請義務を履行したものとみなされる規律が新たに設けられました。

相続登記を申請するには、法定相続人の範囲や法定相続の割合を明らかにするために被相続人の出生から死亡までの戸籍を集める必要があります。被相続人が転籍を繰り返している場合、この出生から死亡までの戸籍をそろえることのハードルが高く、相続登記が進まない原因の一つとされています。

このような状況でも、法定相続分に基づく相続登記又は遺産分割協議に基づく相続登記が申請されないと相続登記の申請義務を履行したことにならないとすれば、相続人に酷な結果となります。

そこで、相続が開始した旨及び自らが当該不動産の所有者の相続人である旨を、自己のために相続の開始があったことを知り、かつ、当該所有権を取得したことを知った日から3年以内に登記官に申し出ることで相続登記の申請義務を履行したものとみなされる規律が新たに設けられました（不動産登記法第76条の3第1項・2項）。相続登記の義務化と相続人の負担軽減のバランスをとる制度といえます。

登記官は、相続人申告登記の申出があったときは職務上の権限により、

その旨並びに当該申出をした者の氏名及び住所その他法務省令で定める事項を所有権の登記に付記します。下記のようなイメージだと予想します。

【相続人申告登記のイメージ】

権利部（甲 区） （所有権に関する事項）			
順位番号	登記の目的	受付年月日・受付番号	権利者その他の事項
1	所有権移転	平成■年■月■日 第■■■号	原因　平成■年■月■日相続 所有者　■■県■■市■■町■■番地 山田花子
付記1号	相続人申告	令和■年■月■日 第■■■号	原因　令和■年■月■日相続開始 山田花子の申告相続人 ■■県■■市■■町■■番地 山田海子 令和■年■月■日付記

　上記は、相続による権利関係を明らかにする登記ではなく、相続が開始した旨及び自らが当該不動産の所有者の相続人である旨の事実についての報告的な登記として位置付けられます。

　相続人は、単に申出人が法定相続人の1人であることがわかる限度での戸籍謄抄本を提供すれば足ります。

＜注意①＞

　相続実務に関わる税理士は、相続人申告登記をもって、相続による所有権移転登記がなされたと勘違いしてはいけません。相続人申告登記は、法定相続人を報告的に公示するにすぎず、登記簿上に公示されたものが最終的に不動産の所有者となるとは限りません。登記簿上、相続を原因とする所有権移転登記がなされていると勘違いしやすいので、注意が必要です。

＜注意②＞

　相続人申告登記の申出をした者が、その後の遺産の分割によって所有権を取得したときは、遺産の分割の日から3年以内に、所有権の移転の登記を申請する義務を新たに負います。（不動産登記法第76条の3第4項）

今回の法律改正前に所有者が死亡している不動産の相続登記の申請義務について教えてください。

A 施行日以前に開始した相続にも遡って相続登記の申請義務が適用されます。

自己のために相続の開始があったことを知り、かつ、当該所有権を取得したことを知った日又は改正法の施行日（令和6年4月1日）のいずれか遅い日から3年以内に相続登記を申請する必要があります。

改正法は、原則として公布の日（令和3年4月28日）から2年以内に政令で定めた日である令和5年4月1日に施行されます。

ところが、相続登記の義務化は国民に対して大きな影響を及ぼすので周知期間を設けるため、施行日をあえて後ろ倒ししています。

具体的には、公布の日から3年以内に政令で定めた日である令和6年4月1日に施行されます。

この点、相続実務に関わる税理士としては、令和6年4月1日から相続登記が義務化されるという表面的な理解では不十分です。一般の感覚とは異なり、施行日である令和6年4月1日以前に開始した相続にも遡って相続登記義務が適用される点に特に注意する必要があります（民法等の一部を改正する法律（令和3年法律第24号）附則第5条第6項）。

すなわち、①自己のために相続の開始があったことを知り、かつ、当該所有権を取得したことを知った日又は②改正法の施行日（令和6年4月1日）のいずれか遅い日から3年以内に相続登記を申請する必要があります。この意味がなかなか理解しにくいので、相続登記の申請義務の遡及適用のイメージを次ページのようにまとめてみました。

【相続登記の申請義務の遡及適用のイメージ】

① 施行日以後に自己のために相続の開始があったことを知り、かつ、所有権を取得したことを知った場合

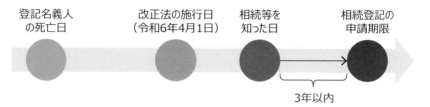

② 施行日以前から自己のために相続の開始があったことを知り、かつ所有権を取得したことを知っていた場合

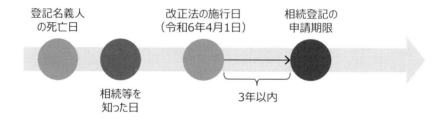

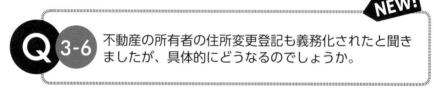

Q 3-6 不動産の所有者の住所変更登記も義務化されたと聞きましたが、具体的にどうなるのでしょうか。

A その変更があった日から2年以内に、住所の変更の登記を申請する必要があります。

住所等の変更登記がされていないことは、所有者不明土地の原因として、相続登記がされていないことに次いで大きな割合を占めています（特に、都市部の人口集中地区においては、むしろ相続登記がされていないことよりも大きな原因です）。不動産登記法改正前は、住所等の変更登記が任意で

あり、変更登記をせずとも不利益がなければ、不動産の所有者の氏名又は住所を、わざわざ変更登記する人はまれでした。結果として、登記記録のみから所有者の所在を確認することができず、不動産登記情報の正確性は担保されていませんでした。このことが積み重なり、所有者不明土地問題の原因となっていました。

上記を踏まえて、所有者の住所等の変更を不動産登記に反映するために、不動産の所有者の住所等の変更登記が義務化されました。

具体的な内容は以下のとおりです。

① 不動産の所有者の氏名もしくは名称又は住所について変更があったときは、所有者は、その変更があった日から2年以内に、氏名もしくは名称又は住所についての変更の登記を申請する必要があります（不動産登記法第76条の5）。

② 前記①の規定による申請をすべき義務がある者が、正当な理由がないのにその申請を怠ったときは、5万円以下の過料に処されます（不動産登記法第164条第2項）。

③ 住所が頻繁に変わる者にとっては、住所変更登記の義務化が過度な負担となるおそれがあります。この負担を軽減するために、法務局の登記官が住民基本台帳ネットワークシステムから所有者の住所等の変更の情報を取得し、職務上の権限で不動産登記に反映させるという規律が設けられました（不動産登記法第76条の6本文）。ただし、上記反映には職務上の権限に加えて個人の所有者の申出（了承）も必要となります（不動産登記法第76条の6ただし書）。DV被害者の住所情報が当然に公開されないように配慮することがその理由です。

④ 法人の場合には、法務局の登記官は法務局内のシステム間連携により商号変更又は本店移転の情報を職務上の権限で不動産登記に反映させます。個人の場合と異なり法人からの申出は不要です。

なお、法務局内のシステム連携のために所有権の登記名義人が法人

であるときは、会社法人等番号が登記事項とされました（不動産登記法第73条の2第1項第1号）。

＜注意＞

　この義務化は、「公布日（令和3年4月28日）から5年以内の政令で定める日（※）」に施行されます。一見すると、施行日以後に発生した住所変更等にのみ関係するように思えますが、施行日前に発生した変更事由にも遡って適用される点に注意する必要があります。この場合、変更があった日又は施行日のいずれか遅い日から2年以内に住所等の登記申請義務が発生します。すなわち、施行日から2年を経過した時点で、不動産の所有者の住所変更登記義務違反になることがあります（民法等の一部を改正する法律（令和3年法律24号）附則第5条第7項）。

　※　令和4年10月1日時点では、政令は未制定のため施行日は決まっていません。

Q 3-7 新たに創設された不動産所有者の死亡情報を登記記録に反映させる制度について教えてください。

A 　法務局の登記官は、不動産の所有者が死亡した場合、職務上の権限により、登記記録に死亡を示す符号を表示することができるようになりました。これまでは、不動産の所有者が死亡しても、その相続人等の申請に基づき相続登記がされない限り、所有者が死亡した事実を登記記録から読み取ることはできませんでした。

　そのため、公共事業（例：東日本の被災地における高台移転事業等）や民間の土地開発事業の計画段階において、登記記録のみから候補地の所有者の死亡を知ることができず、取得にかかる手間やコストを計算できないことが問題とされてきたました。

　この問題に対処するため、法務局の登記官は、住民基本台帳ネットワー

クシステム等の他の公的機関から不動産の所有者が死亡した情報を取得した場合、職務上の権限により、登記記録に死亡を示す符号を表示することができるようになりました（不動産登記法第76条の4）。その結果、相続登記がなされていなくとも、登記記録を見れば不動産の所有者の登記名義人が死亡しているかどうか把握可能となりました。

　また、このように法務局の登記官が、相続の発生を不動産登記に反映させるための方策をとる前提として、次のような仕組みが採用されました。

＜住民基本台帳ネットワークシステムを情報源とする場合＞

・不動産の所有者は、登記官に対し、自らが所有者する不動産について、氏名及び住所に加えて、生年月日等の情報を提供します。この場合において、生年月日等は登記記録上に公示せず、法務局内において保有するデータとして扱います。

・法務局の登記官は、氏名、住所及び生年月日等の情報を検索キーとして、住民基本台帳ネットワークシステムに定期的に照会を行うなどして所有者の死亡の事実を把握します。

＜住民基本台帳ネットワークシステム以外を情報源とする場合＞

・死亡を示す符号の表示を広く実施していくため、法務局の登記官は、住民基本台帳ネットワークシステム以外の情報源（例：固定資産課税台帳等）からも所有者の死亡の端緒となる情報を取得する予定です（不動産登記法第151条）。

＜注意＞

　登記記録に表示される死亡を示す符号は、「死亡」、「相続開始」などの直接的な表示ではありません。どのような表示がされるかについての省令が定まっておらず、死亡した登記名義人の氏名に波線や特定の記号を付すこと等が予想されるものの、令和4年10月1日時点では明確になっていません。相続実務に関わる税理士は、死亡を示す符号のついた不動産の登記記録を読み誤らないように注意すべきです。

Q 3-8 海外在住者が取得した日本の不動産につき、国内の連絡先となる者も登記されると聞きました。新たに創設されたこの制度について教えてください。

A 　所有者不明土地の「発生の予防」のため、海外在住者が取得した日本の不動産について国内の連絡先となる者（氏名、住所等）も登記されることとなりました。所有者不明土地の「発生の予防」のためには、不動産の所有者への連絡手段を確保する必要があります。日本の不動産を海外在住者が取得した場合、海外在住者の住所移転の履歴が登記簿上にタイムリーに反映されるとは言えず、不動産の所有者への連絡手段を確保する観点からは問題となっていました。

　そのため、補助的・便宜的な連絡手段を確保する仕組みとして、海外在住者が取得した日本の不動産について国内の連絡先となる者（氏名、住所等）も登記されることとなりました（不動産登記法第73条の2第1項第2号）。

　具体的な内容は以下のとおりです。

- 所有権の登記名義人が国内に住所を有しないときは、その国内における連絡先となる者の氏名又は名称及び住所その他の法務省令で定めるものが登記されます。
- 連絡先となる者の氏名又は名称及び住所を登記する場合には、その連絡先となる者の承諾があること、また、その連絡先となる者は国内に住所を有するものであることが要件です。
- 連絡先となる者の氏名又は名称及び住所等の登記事項に変更があった場合には、所有権の登記名義人のほか、当該連絡先となっている者自身が単独で変更の登記の申請をすることができます。
- 相続登記の義務化と同様、周知期間を設けるため、令和6年4月1日から施行されます。

 相続によって土地の所有権を取得した相続人が、土地を手放して国庫に帰属させることを可能とする相続土地国庫帰属制度が創設されたと聞きました。この制度について教えてください。

A 所有者不明土地の発生を抑制するため、相続又は遺贈（遺言によって特定の相続人に財産の一部又は全部を譲ること）によって土地の所有権を取得した相続人が、一定の要件を満たした場合に、土地を手放して国庫に帰属させることができる制度が創設されました。

　所有する土地が僻地にあるため利用することができない、管理する負担が大きいなどの理由で、土地を手放したいというニーズがあります。この点、相続を契機としてやむを得ずこれらの土地を取得した者については、土地を管理する責任を継続して負わせることが酷な場合もあります。そこで、一定の限度で土地を管理する負担から解放する制度が創設されました。

　すなわち、所有者不明土地の発生を抑制するため、相続又は遺贈（遺言によって特定の相続人に財産の一部又は全部を譲ること）によって土地の所有権を取得した相続人が、一定の要件を満たした場合に、土地を手放して国庫に帰属させることができるようになりました（相続等により取得した土地所有権の国庫への帰属に関する法律（以下「法」といいます）第1条）。

［1］制度の概要

＜手続きの流れ＞

相続土地国庫帰属制度の手続きの流れは次ページのようになります。

```
1   承認申請
   【申請権者】
   相続又は遺贈（相続人に対する遺贈に限る）により土地を取得した者
   ※共有地の場合は共有者全員で申請する必要あり
      ↓
2   法務大臣（法務局）による要件審査・承認
   ・実地調査権限あり
   ・国有財産の管理担当部局等に調査への協力を求めることができる
   ・運用において、国や地方公共団体に対して、承認申請があった旨を情
    報提供し、土地の寄附受けや地域での有効活用の機会を確保
      ↓
3   申請者が10年分の土地管理費相当額の負担金を納付
      ↓
4   国庫帰属
```

〈出典〉法務省ホームページ「相続土地国庫帰属制度の概要」をもとに作成

＜申請の対象者＞

　相続又は相続人に対する遺贈によって土地を取得した者が申請の対象者となります。法人は、相続等により土地を取得することができないので原則として申請の対象者にはなりません。ただし、共有土地の持分を法人が有する場合で、相続等により共有持分を取得した相続人がいるときは、例外的に申請の対象者になることがあります（法第2条第2項）。

＜手続きの申請先＞

　この手続きの申請先は、帰属させる土地を管轄する法務局・地方法務局を予定しています。

＜国庫帰属の申請の対象となる土地＞

　そもそも建物は国庫帰属の対象とはなりません。また、土地について

は、全ての土地が国庫帰属の対象となるわけではありません。

　帰属の承認ができない土地の要件については、法律において以下のように定められています。

① 申請をすることができないケース（却下事由）（法第2条第3項）
・建物がある土地
・担保権や使用収益権が設定されている土地
・他人の利用が予定されている土地
・土壌汚染されている土地
・境界が明らかでない土地・所有権の存否や範囲について争いがある土地

② 承認を受けることができないケース（不承認事由）（法第5条第1項）
・一定の勾配・高さの崖があって、管理に過分な費用・労力がかかる土地
・土地の管理・処分を阻害する有体物が地上にある土地
・土地の管理・処分のために、除去しなければいけない有体物が地下にある土地
・隣接する土地の所有者等との争訟によらなければ管理・処分ができない土地
・その他、通常の管理・処分にあたって過分な費用・労力がかかる土地

＜相続土地国庫帰属制度の施行日＞

　令和5年4月27日に施行されます。なお、本制度開始前に相続等によって取得した土地（例えば、数十年前に相続した土地）についても、本制度の対象となることには注意が必要です。

［2］費用

＜審査手数料＞

　相続土地国庫帰属制度の審査手数料は、令和4年10月1日時点では決まっていません。

＜相続土地国庫帰属制度の負担金＞

　相続土地国庫帰属制度により、土地の所有権が国に帰属した場合は、その土地の管理費用は国が負担することになります。一方、相続土地国庫帰属制度の承認を受けた者は、国庫帰属がなければ負担すべきであった土地の管理費用を免れることができます。

　そこで、本制度においては、国に帰属する土地に関して、元々の土地の所有者が土地の管理の負担を免れる程度に応じて、国に生じる管理費用の一部を負担することとなりました。

　具体的には、土地所有権の国庫への帰属の承認を受けた者は、承認された土地につき、国有地の種目ごとにその管理に要する 10 年分の標準的な費用の額を考慮して算定した額の負担金を納付しなければなりません（法第 10 条第 1 項、相続等により取得した土地所有権の国庫への帰属に関する法律施行令第 4 条）。

　以下、負担金算定の具体例を紹介します。

【負担金算定の具体例】

① 宅地	面積にかかわらず、20 万円 ※　ただし、都市計画法の市街化区域又は用途地域が指定されている地域内の宅地については、面積に応じ算定 →　算定式（1）
② 田、畑	面積にかかわらず、20 万円 ※　ただし、以下の田、畑については、面積に応じ算定 ア　都市計画法の市街化区域又は用途地域が指定されている地域内の農地 イ　農業振興地域の整備に関する法律の農用地区域内の農地 ウ　土地改良事業等（土地改良事業又はこれに準ずる事業であって、農地法施行規則第 40 条第 1 号及び第 2 号イもしくはロに規定する事業）の施行区域内の農地 →　算定式（2）

③ 森林	面積に応じ算定 → 算定式（3）	
④ その他 ※雑種地、原野等	面積にかかわらず、20 万円	

【算定式】

（1） 宅地のうち、都市計画法の市街化区域又は用途地域が指定されている地域内の土地

面積区分	負担金額
50㎡以下	国庫帰属地の面積に 4,070（円/㎡）を乗じ、208,000 円を加えた額
50㎡超 100㎡以下	国庫帰属地の面積に 2,720（円/㎡）を乗じ、276,000 円を加えた額
100㎡超 200㎡以下	国庫帰属地の面積に 2,450（円/㎡）を乗じ、303,000 円を加えた額
200㎡超 400㎡以下	国庫帰属地の面積に 2,250（円/㎡）を乗じ、343,000 円を加えた額
400㎡超 800㎡以下	国庫帰属地の面積に 2,110（円/㎡）を乗じ、399,000 円を加えた額
800㎡超	国庫帰属地の面積に 2,010（円/㎡）を乗じ、479,000 円を加えた額

（2） 主に農用地として利用されている土地のうち、次のいずれかに掲げるもの

ア 都市計画法の市街化区域又は用途地域が指定されている地域内の農地

イ 農業振興地域の整備に関する法律の農用地区域内の農地

ウ 土地改良事業等（土地改良事業又はこれに準ずる事業であって、農地法施行規則第 40 条第 1 号及び第 2 号イもしくはロに規定する事業）の施行区域内の農地

面積区分	負担金額
250㎡以下	国庫帰属地の面積に 1,210（円/㎡）を乗じ、208,000 円を加えた額
250㎡超 500㎡以下	国庫帰属地の面積に 850（円/㎡）を乗じ、298,000 円を加えた額
500㎡超 1,000㎡以下	国庫帰属地の面積に 810（円/㎡）を乗じ、318,000 円を加えた額
1,000㎡超 2,000㎡以下	国庫帰属地の面積に 740（円/㎡）を乗じ、388,000 円を加えた額
2,000㎡超 4,000㎡以下	国庫帰属地の面積に 650（円/㎡）を乗じ、568,000 円を加えた額
4,000㎡超	国庫帰属地の面積に 640（円/㎡）を乗じ、608,000 円を加えた額

（3）　主に森林として利用されている土地

面積区分	負担金額
750㎡以下	国庫帰属地の面積に 59（円/㎡）を乗じ、210,000 円を加えた額
750㎡超 1,500㎡以下	国庫帰属地の面積に 24（円/㎡）を乗じ、237,000 円を加えた額
1,500㎡超 3,000㎡以下	国庫帰属地の面積に 17（円/㎡）を乗じ、248,000 円を加えた額
3,000㎡超 6,000㎡以下	国庫帰属地の面積に 12（円/㎡）を乗じ、263,000 円を加えた額
6,000㎡超 12,000㎡以下	国庫帰属地の面積に 8 （円/㎡）を乗じ、287,000 円を加えた額
12,000㎡超	国庫帰属地の面積に 6 （円/㎡）を乗じ、311,000 円を加えた額

〈出典〉法務省ホームページ「相続土地国庫帰属制度の負担金」（一部改変）

　実際問題として、資産価値のある宅地や雑種地を負担金 20 万円で国庫に帰属させることは考えにくいです。そこで、現実的には農地や山林が帰

属対象として問題となります。仮に 3,000㎡の農地だと約 250 万円、3,000㎡の山林だと約 30 万円の負担金がかかります。このような負担金を納めてまで国庫に帰属させるケースはかなりレアだと予想します。

　例えば、自身の子孫に負動産を継承させることに抵抗を感じていて、負担金を納めてでも自分の代で負動産を手放したい場合などが考えられます。

　なお、法務省のホームページから負担金額の自動計算シート（Excelファイル）がダウンロードできます。

＜施行後 5 年経過した場合の見直しについて＞

　このように、承認請求者、対象となる土地や負担金について厳格な要件が設定されています。読者の皆様はいったい誰がこの制度を使うのだろうかと疑問に思っていることと推測します。

　政府もその点は想定しており、施行後の利用状況によって要件を修正する可能性があります。すなわち、政府は、この法律の施行後 5 年を経過した場合において、この法律の施行の状況について検討を加え、必要があると認めるときは、その結果に基づいて必要な措置を講じると定められています（法附則第 2 項）。

相続土地国庫帰属制度につきましては、令和 4 年 10 月 1 日時点で法務省令が未公布のため、【依頼者様用～必要書類のご案内～】を掲載していません。必要書類が明示されましたら、PDF の最終ページへの追加を予定しています。

https://www.skattsei.co.jp/topics/zeirishi_touki/check

相続登記の義務を果たさなかった場合の罰則

　相続登記の義務化に伴い、義務を課された者が正当な理由がないのに相続登記の申請を怠ったときは、10万円以下の過料に処されることになりました。

　ただし、この過料の制裁が課されることはレアケースなのではないかと考えています。というのも、以下のような丁寧な手続きが整備される予定だからです。

　法務局の登記官は、相続登記の申請義務違反の事実を把握した場合に、あらかじめ相続人に対して登記申請をするよう催告します。それでもなお登記申請をすべき義務を負う者が理由もなく登記申請をしないときに初めて過料通知が行われます（催告に応じて登記申請がされた場合には過料通知をしないこととします）。

　なお、過料通知についての手続きは今後、法務省令において明確に規定される予定です。

　また、相続登記の申請をしないことに正当な理由があれば過料を課されることはありません。この正当な理由の具体的な類型についても今後、法務省の通達で明確にされる予定です。

　「正当な理由」があると考えられる例としては、次のようなケースが考えらます。

- ・数次相続が発生して相続人が極めて多数に上り、戸籍謄本等の必要な資料の収集や他の相続人の把握に多くの時間を要するケース
- ・遺言の有効性や遺産の範囲等が争われているケース
- ・申請義務を負う相続人自身に重病等の事情があるケース　など

　このような明確化により、相続人は自分に過料が課されるかどうかについて予測可能となります。

「国内の連絡先となる者」に税理士等はなれるのか

　海外在住者が取得した日本の不動産について国内の連絡先となる者（不動産登記法第73条の2第1項第2号）に税理士や税理士法人はなりえるのでしょうか。

　この点、「部会資料35　不動産登記法の見直し（1）」（※）では、海外在住者が取得した日本の不動産について国内の連絡先となる者の例として、登記申請時の資格者代理人たる司法書士や取引時に関与した不動産業者を挙げています。これはあくまで例示であり、法律上国内の連絡先となる者に資格の制限をしておらず、自然人でも法人でも就任可能とされています。

　そのため、税理士や税理士法人も日本の不動産について国内の連絡先となる者になりえると思われます。例えば、海外に在住する人が相続税や贈与税を申告する場合に、税理士が納税管理人として選任されているケースが考えられます。税理士にとって、日本の不動産登記上の国内の連絡先となることがビジネスチャンスになるのか、負担になるのか、今後の展開を見守っていきたいです。

※　法務省ホームページ「法制審議会民法・不動産登記法部会第15回会議（令和2年7月14日開催）」参照

第4章

相続以外の
不動産登記編

第1節 不動産登記簿の取得方法

　税理士が顧客から、不動産登記簿の取得方法について質問を受けることがあると思います。例えば、顧客が金融機関へ融資の審査のため不動産登記簿を提出する必要がある場合に、税理士が取得方法を質問されるケースなどが考えられます。

　第1節では、不動産登記簿の取得方法に関して税理士や税理士事務所職員からよくいただく質問とその回答を、以下のQ&Aにまとめました。

Q 4-1 登記簿、登記簿謄本、登記事項証明書等いろいろな言い方があるようです。全て同一のものを指すのでしょうか？

A 誤解を恐れずに言うならば、全て同一のものを指すと回答します。

　昔は、登記簿謄本と呼ばれていたものが、現在では、登記事項証明書という呼び名に変わっています。正式名称に変更はありましたが、従前の慣習を重視して今でも登記事項証明書のことを便宜、登記簿や登記簿謄本と呼ぶことがあります。そのため、呼称が複数あるような印象を与えています。

Q 4-2 登記簿を取得する場合に必要な持ち物はありますか？

A 法務局で登記簿を取得する際に、必要な持ち物は特にありません（身分証明書なども不要）。登記簿1通につき金600円の手数料（枚数過多の場合は手数料が増えます）が必要となります。収入印紙で納付します。収入印紙は法務局の窓口で購入できます。

　法務局備え付けの請求書に、請求する不動産（土地・家屋）の所在地番、家屋番号を記載する必要があります。固定資産税課税明細書などの客観的な資料又はお手元の権利証などで不動産の正確な所在地を確認しておくことをお勧めします。その意味で、正確な所在地がわかる資料が必要書類と言えます。

　なお、次ページのような、登記事項証明書等の交付請求書（法務局の窓口又は法務局のホームページで入手できます）を法務局の窓口に提出します。☑ボックスを入れる箇所を参照してください。通常は記載例のように、チェックを入れて申請すれば足ります。

Q 4-3 他人が所有する不動産の登記簿を取得することはできますか？

A 他人が所有する不動産の登記簿を取得することもできます。先述のとおり、身分証明書も不要です。ただし、正確な所在地がわからないと取得できないことがあります。

　地番が不明な場合は、周辺の地番がわかれば、地図（公図や住宅地図など）を頼りに地番を探すことができる場合もあります。法務局の窓口でご

【登記事項証明書等の交付申請書の記載例】

<table>
<tr><td rowspan="2">不動産用</td><td colspan="2">登 記 事 項 証 明 書
登記簿謄本・抄本交付申請書</td></tr>
</table>

※ 太枠の中に記載してくださ

	収入印紙欄

住 所	東京都千代田区霞が関１－１－１
フリガナ	ホウム　タロウ
氏 名	法務 太郎

※地番・家屋番号は、住居表示番号（〇番〇号）とはちがいますので，注意してください。

種 別 (レ印をつける)	郡・市・区	町・村	丁目・大字・地 字	番	家屋番号 又は所有者	請求 通数
1 ☑土地 2 □建物	千代田区	霞ヶ関	一丁目	1番1		1
3 □土地 4 □建物						
5 □土地 6 □建物						
7 □土地 8 □建物						
□財団 （□目録付） 9 □船舶 □その他						

収入印紙

収入印紙

収入印紙は割印をしないでここに貼ってください。

（登記印紙も使用可能）

※共同担保目録が必要なときは，以下にも記載してください。
次の共同担保目録を「種別」欄の番号＿＿＿＿＿番の物件に付ける。
　　□現に効力を有するもの ☑全部（抹消を含む） □（＿）第＿＿＿＿＿号

※該当事項の□にレ印をつけ，所要事項を記載してください。

☑ **登記事項証明書・謄本** （土地・建物）
　 専有部分の登記事項証明書・抄本 （マンション名＿＿＿＿＿＿＿＿＿＿＿＿＿＿＿＿）
　 □ただし，現に効力を有する部分のみ（抹消された抵当権などを省略）

□ **一部事項証明書・抄本** （次の項目も記載してください。）
　 共有者＿＿＿＿＿＿＿＿＿＿＿＿＿＿＿＿に関する部分

□ **所有者事項証明書** （所有者・共有者の住所・氏名・持分のみ）
　 □ 所有者　　□ 共有者＿＿＿＿＿＿＿＿＿

□ **コンピュータ化に伴う閉鎖登記簿**
□ **合筆，滅失などによる閉鎖登記簿・記録** （昭和/平成＿＿年＿＿月＿＿日閉鎖）

交 付 通 数	交 付 枚 数	手　数　料	受 付・交 付 年 月 日

（乙号・1）

相談ください。

　※　公図（「地図」又は「地図に準ずる図面」）も法務局で誰でも取得することができます。

住居表示番号しかわからない場合でも、土地の登記簿の請求をすることはできますか？

A　住居表示番号と地番は別のものなので、住居表示番号だけでは、土地・建物の特定ができません。

　住居表示とは、住居表示に関する法律に基づく住所の表し方です。市町村が定めるものであり、法務局が定める地番とは違います。そのため、住居表示番号を記載して登記簿の交付をすることができません。

　法務局窓口の地番対照表や住宅地図を確認の上、地番を確かめた上で請求することになります。詳細は法務局の窓口でご確認ください。

遠方の土地・建物の登記簿を近隣の法務局で発行請求することはできますか？

A　できます。法務局間はコンピュータにより接続されており、土地・建物に関する登記簿の交付請求を、相互にすることができる「不動産登記情報交換サービス」を展開しています。

　このサービスにより、遠方の管轄法務局ではなく、近隣の法務局で登記簿を受け取ることができます（例えば、名古屋の土地の登記簿を、東京の法務局で受け取ることができます）。

　※　なお、「登記所」と「法務局」は表現が異なりますが同じ意味です。

法務局に行かなくともインターネット経由で登記簿（履歴事項証明書）の交付請求をすることができると聞きましたが、本当でしょうか？

A 本当です。「オンラインによる登記事項証明書等の交付請求（不動産登記関係）について」と検索し、法務省のホームページを確認してください。登記・供託オンライン申請システムを利用しインターネット経由で登記簿（履歴事項証明書）の交付申請をすることができます。

オンラインによる交付請求の方法による場合登記簿（履歴事項証明書）の手数料は、次のとおりです。

※　法務局の窓口で書面申請するよりも安価です。

・オンラインで請求した登記簿（履歴事項証明書）を指定した法務局の窓口で受け取る場合：1通当たり480円
・オンラインで請求した登記簿（履歴事項証明書）を請求した法務局から送付して受け取る場合：1通当たり500円

 登記情報提供サービスという言葉を聞きました。登記簿と登記情報提供サービスの違いを教えてください。

A 一般財団法人民事法務協会が運営している「登記情報提供サービス」では、登記所が保有する登記情報をインターネット経由にてパソコンの画面上で確認を行うことができます。登記情報はPDFファイルで提供されます。

登記情報提供サービスが提供する登記情報は、利用者が請求した時点に

おいて登記所が保有する登記情報と同じ最新の情報です。しかし、登記情報提供サービスは、登記簿とは異なり、証明文や公印等は付加されません。そのため、印刷された「登記情報」には法的な証明力はありません。

　利用方法としては、①クレジットカードの即時決済による一時利用の方式、②申込手続きを行い、利用者登録を行った上で利用する登録利用の方式があります。税理士事務所でも問題なく申し込み可能です。

　ご興味のある方は、まずは即時決済方式でご利用をしてみてください。

　なお、令和4年10月1日から、登記情報提供サービスの利用時間が拡大されることになりました。

登記情報	令和4年9月30日まで	令和4年10月1日から
登記記録の全部の情報（不動産、商業・法人）	平　日 8時30分から21時まで	平　日 　8時30分から23時まで 土日祝日 　8時30分から18時まで
所有者事項の情報（不動産）	同　上	同　上
登記事項概要ファイルの情報（動産譲渡、債権譲渡）	同　上	同　上
地図及び図面が記録されたファイルの情報	同　上	平　日 8時30分から21時まで

　※　以下に該当する場合は利用できませんので、注意が必要です。
　　　・登記情報提供サービスを利用することができない日としてあらかじめ登記情報提供サービスのホームページに掲載された日
　　　・年末年始（12月29日から1月3日まで）
〈出典〉法務省ホームページ「登記情報提供制度の概要について」（一部改変）

登記簿図書館という言葉を聞きました。登記情報提供サービスとの違いを教えてください。

A 　一般財団法人民事法務協会は、電気通信回線による登記情報の提供に関する法律第4条第1項の業務を行う者（指定法人）として、登記情報を提供しています。登記簿図書館も同じく民間団体が行うサービスですが、登記情報提供サービスのように法律の指定に基づくサービスではありません。

「登記簿図書館」では、インターネット登記情報サービスを登記簿図書館サーバー経由で取得することにより、一度取得した登記情報を登記簿図書館サーバーに蓄積し登記簿図書館会員同士で相互利用できるようにしています。登記簿図書館サーバーに蓄積され、登記簿図書館会員同士で、相互利用することにより、最新の登記情報ではありませんが、新規に法務局で登記情報を取得するよりも低価格（登記情報提供サービスでは、332円のところ登記簿図書館では308円）で利用することができます。

また、新しい登記情報が必要な方は、登記簿図書館経由で登記情報提供サービスから登記情報を取得し、登記簿図書館サーバーに蓄積させることを条件に、より安く（登記情報提供サービス332円のところ登記簿図書館331円。1円お得である）登記情報を利用することが可能になりました。

その他、不動産登記情報が個人名や会社名から検索できる「名寄せ機能」や登記変動を監視するサービスである「登記見張り番」やブルーマップから登記情報が取得できる「JTNマップ」などのサービスも登記簿図書館は提供しています。

税理士事務所が申し込みをするならば、登記情報提供サービスよりも登記簿図書館のほうが安くて便利だと思います。ご興味のある方は登記簿図書館で検索し利用申し込みをしてください。

新たに創設された所有不動産記録証明制度について教えてください。

A 相続登記の漏れを防止する観点から、被相続人が所有権の登記名義人となっている不動産を相続人が一覧的に確認することができる所有不動産記録証明制度が創設されました。なお、この制度は令和3年4月28日から起算して5年を超えない範囲内の政令で定められた日（政令は令和4年10月1日の時点で未制定）から施行されます。

　所有者不明土地の「発生の予防」のためには、相続登記申請の手続き負担を軽減する必要があります。この軽減のためにはそもそも自身（又は自身の被相続人）が所有している不動産を正確に把握する仕組みが求められます。そこで、所有不動産の情報を把握しやすくすることで、相続登記の漏れを防止し、相続登記の申請義務の実効性を確保するために、「所有不動産記録証明制度」が創設されることになりました（不動産登記法第119条の2）。

　具体的な内容は以下のとおりです。

・誰でも、登記官に対し手数料を納付して、自らが所有権の登記名義人として記録されている不動産に係る事項を証明した書面（所有不動産記録証明書）の交付を請求することができます。この証明記録がないときは、ない旨を記載した証明書の発行を請求することができます（不動産登記法第119条の2第1項）。

・所有権の登記名義人について相続があったときは、相続人が所有不動産記録証明書の発行を請求することができます（不動産登記法第119条の2第2項）。

・代理人が交付を請求することも可能です。

・所有不動産記録証明書の手数料は令和4年10月1日の時点でまだ決

まっていません。

・法務大臣の指定する登記所の登記官に対して発行の請求をすることができます（不動産登記法第 119 条の 2 第 3 項）。全ての登記所の登記官に対して発行の請求をすることができるわけではありません。

・所有不動産記録証明書には非課税物件や共有物件も記載されます。また、管轄法務局の単位を超えた全国単位のデータベースとなります。

【改正前後の変化】

改正前	改正後
自身（又は自身の被相続人）が所有している不動産に関する情報は、市区町村の税務課が発行する名寄せ帳（固定資産税を課税するために市区町村が作成している固定資産課税台帳を所有者別にまとめたもの）により把握していました。 　しかし、名寄せ帳には非課税物件や共有名義の物件が掲載されないことがあります。また、当然のことながら市町村単位のデータベースに過ぎません。そのため非課税物件や共有物件、他の市区町村にある不動産が相続登記の対象から漏れることがありました。	所有不動産記録証明書には非課税物件や共有物件も記載されることになりました。また、管轄法務局の単位を超えた全国単位のデータベースとなります。 　そのため、名寄帳と併せて使えば相続登記の漏れを防止する効果が高くなります。 　遺言書作成時に自己所有不動産が遺言の対象から漏れていないかの一般的確認方法としても利用可能です。

【司法書士との連携において注意すること】

　顧客自身が登記簿の取得をすることや、税理士が登記簿の取得の代行をすることも可能です。

　とは言え大量に登記簿を取得する必要がある場合や特殊な事情がある場合（例：二重地番がある場合等）は、顧客自身で取得することや税理士が取得代行をすることが難しいケースもあります。その際には、顧客と司法書士を取りつないで登記簿を取得してもらいましょう。通常は、実費＋取得手数料（通常は数千円）がかかります。

　固定資産税課税明細書、権利証など登記簿取得のヒントになるものを渡していただくと、司法書士は迅速な対応をすることができます。

依頼者様用 ～必要書類のご案内～

●不動産の登記簿の取得にあたって、用意していただく必要のある書類

	書類名	取得先	確認
①	対象不動産の所在地に関する資料 [例] 固定資産税課税明細書、権利証、所在地を正確に記載したメモ書き	―	☐

（注）登記簿（履歴事項証明書）の取得に身分証明書等は必要ありません。

　　　住居表示と地番は異なるので、住居表示に関する資料だけでは不足です。

　　　住居表示のみに関する資料しかない場合は、法務局の窓口で相談し取得することになります。

　　　登記簿（履歴事項証明書）取得に必要な現金（1通600円）を持参すべきです（収入印紙で納付する）。

　　　遠方の不動産の登記簿も近隣の法務局で取得することができます。

→依頼者様への配布資料として PDF（14 ページ）もご活用ください。
https://www.skattsei.co.jp/topics/zeirishi_touki/check

所有不動産記録証明制度が税理士実務に与える影響

相続税の申告実務に携わる税理士は、相続や遺言の対象の不動産の把握漏れを防ぐために名寄帳を取得すると聞いています。今回の所有不動産記録証明制度の創設により名寄帳取得の意義は薄れるのでしょうか？

結論としては、名寄帳を取得する意義はいまだ薄れません。当分の間、名寄帳と所有不動産記録証明書を共に取得することをお勧めします。

というのも、現時点では、所有不動産記録証明制度の対象に、表題部所有者が含まれず、将来の課題とされているからです。そもそも、自己資金のみで建築した建物は、表題部＝表示に関する登記のみで、権利部＝権利に関する登記まではなされていないことが多いです。とはいえ、表題部のみの建物も財産的価値を持ち当然ながら相続の対象となります。この表題部のみの建物は所有不動産記録証明制度の対象に現時点では含まれていません。表題部のみの建物が相続財産から漏れないようにするには、依然として名寄帳の取得が必要です。

また、登記簿に記録されている所有権の登記名義人の氏名又は名称及び住所の更新がされていない場合、検索結果として抽出されず所有不動産記録証明制度から漏れてしまいます。

このように、所有不動産記録証明制度の網羅性に関しては技術的な限界があります。この観点からも、不動産の把握漏れを防ぐために名寄帳取得の意義は存在します。

【表題部のみの登記事項証明書の例】

表 題 部 　(主である建物の表示)		調製	余　白		不動産番号	1234567890123
所在図番号	余　白					
所　在	甲市乙町　24番地2				余　白	
家屋番号	24番2の1				余　白	
① 種　類	② 構　造	③ 床　面　積　㎡			原因及びその日付〔登記の日付〕	
居宅	木造亜鉛メッキ鋼板・かわらぶき2階建		1階 2階	115：70 99：17	平成何年何月何日新築 〔平成何年何月何日〕	

表 題 部 　(附属建物の表示)						
符号	①種類	② 構　　造	③ 床　面　積　㎡		原因及びその日付〔登記の日付〕	
1	物置	木造亜鉛メッキ鋼板ぶき平家建		13：22	〔平成何年何月何日〕	
2	車庫	木造亜鉛メッキ鋼板ぶき平家建		12：00	〔平成何年何月何日〕	
3	物置	木造ビニール板ぶき平家建		10：00	〔平成何年何月何日〕	
所 有 者	甲市乙町二丁目1番5号　甲　某					

〈出典〉平成28年6月8日付法務省民二第386号「不動産登記記録例の改正について（通達）」

第2節 贈与

　税理士が暦年贈与や相続時精算課税制度を顧客に提案する場合や、夫婦間で居住用不動産を贈与したときの配偶者控除の提案をした場合には、税理士の紹介で司法書士が登記業務を受託することが多くあります。

　このように贈与の依頼では、司法書士よりも税理士が窓口となるケースのほうが多いと思います。税理士が窓口となった際に、司法書士に取りつなぐまでに依頼者から登記の必要書類の説明を求められた場合や登記手続きについて質問を受けた場合を想定して、以下のQ＆Aを取りまとめました。

 不動産の贈与登記について、必要書類を教えてください。

 以下の書類が必要になります。

- 対象不動産の権利証（登記識別情報）
- 対象不動産の固定資産評価証明書
- 贈与者の印鑑証明書（3か月以内）
- 受贈者の住民票

 権利証と登記識別情報の違いを教えてください。

 同じ意味です。権利証は登記識別情報の通称名です。

平成 18 年ごろまでは、登記が完了した後に法務局から権利を取得した登記名義人に「登記済証」が交付されていました。

この登記済証は、例えば、登記記録上の所有者が登記義務者（贈与者）として贈与により所有権の移転の登記を申請する場合に、登記名義人本人からの申請であることを確認する資料として法務局に提出することとされていることから、一般的には「権利証」とも呼ばれています。

平成 16 年の不動産登記法の改正により、平成 18 年から平成 20 年以降に不動産の所有権を取得した登記名義人には「登記識別情報」が交付されるようになりました。この登記識別情報も通称「権利証」と呼ばれています。

このように所有権登記申請の時期により、登記済書が必要になるのか登記識別情報が必要になるのかの違いが出ます。

以下、登記済書の見本、登記識別情報の見本をご確認ください。

【登記済書の見本】（平成 18 年以前に登記申請をしていた場合）

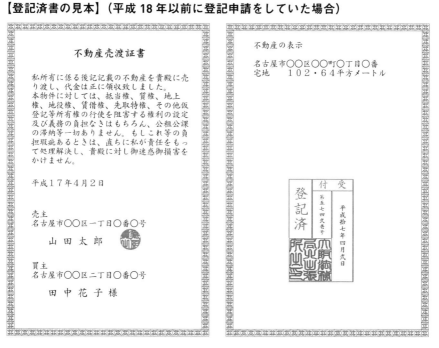

【登記識別情報の見本】〈旧様式〉

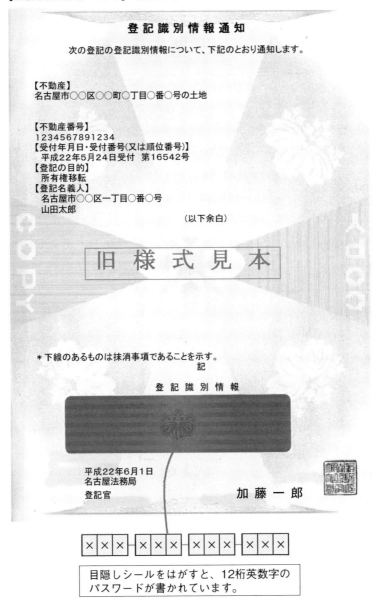

登 記 識 別 情 報 通 知

次の登記の登記識別情報について、下記のとおり通知します。

【不動産】
名古屋市○○区○○町○丁目○番○号の土地

【不動産番号】
1234567891234
【受付年月日・受付番号(又は順位番号)】
平成22年5月24日受付　第16542号
【登記の目的】
所有権移転
【登記名義人】
名古屋市○○区一丁目○番○号
山田太郎

(以下余白)

旧 様 式 見 本

＊下線のあるものは抹消事項であることを示す。
記

登 記 識 別 情 報

平成22年6月1日
名古屋法務局
登記官　　　　　　　　　加 藤 一 郎

×××－×××－×××－×××

目隠しシールをはがすと、12桁英数字の
パスワードが書かれています。

〈出典〉法務省ホームページ（一部改変）

【登記識別情報の見本（表面）】（平成 27 年以降、さらに登記識別情報を記載した紙のサイズとレイアウトが変更になった）〈新様式〉

〈出典〉法務省ホームページ（一部改変）

【登記識別情報の見本（裏面）】

【開封方法】

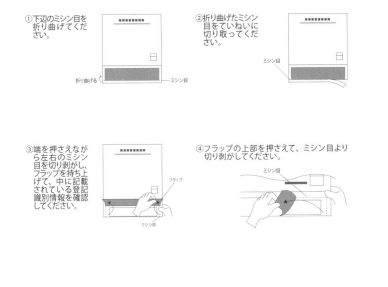

①下辺のミシン目を折り曲げてください。

②折り曲げたミシン目をていねいに切り取ってください。

③端を押さえながら左右のミシン目を切り剥がし、フラップを持ち上げて、中に記載されている登記識別情報を確認してください。

④フラップの上部を押さえて、ミシン目より切り剥がしてください。

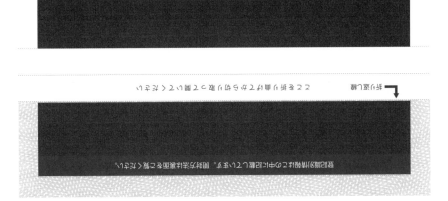

〈出典〉法務省ホームページ

【製本された書面の見本】

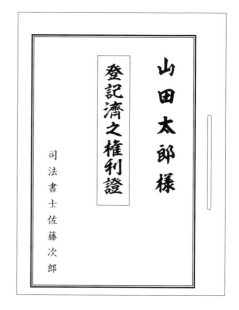

　なお、実際には、上記のレイアウト通りのものをそのまま所有者が所持していることはレアケースです。上記は法務局から返却された資料そのものだからです。

　司法書士が登記の依頼を受けた場合は、通常は登記済書でも登記識別情報でも製本をして整えてから返却します。それゆえ、表紙に司法書士事務所の名前の入った製本された書類の中に、登記済書や登記識別情報が挟み込まれていることが多いです。

　製本された書面の表紙には、登記済書や不動産登記権利情報という名称が記載されていることが想定されます。このあたりがややこしいところです。

4-12 権利証（登記済書・登記識別情報）を紛失した場合に、贈与登記をすることができますか？

 権利証（登記済書・登記識別情報）は再発行することはできません。しかし、権利証（登記済書・登記識別情報）をなくしてしまった場合でも贈与登記の申請をすることはできます。

以下の3点いずれかの手続きが必要になります。

① 登記官による事前通知

登記申請後、登記官から本人確認の必要な所有者にあてて登記申請の意思を確認する書面が発送（本人限定受取郵便）されます。これを受け取った所有者が2週間以内に、登記申請の内容が真実である旨の申出をして登記官に返送することで本人の関与を証明します。

② 司法書士による「本人確認情報」の提供

司法書士が本人（今回ならば贈与者）と面談をし、本人であることを確認することで本人確認情報を作成し登記申請時に提出します。作成は有償であることが多く、金5万円前後が通常です。

③ 公証人による登記義務者であることの認証の提供

公証人が本人と面談し、本人（今回ならば贈与者）であることを確認した書面を作成します。②と同様に登記申請時に提出します。

どの方法を採用するかは担当司法書士とご相談ください。

 4-13 登記簿上の所有者の住所と印鑑証明書の住所に相違がある場合は、別に登記手続きが必要でしょうか？

 必要です。登記手続きの際には、贈与者の登記簿上の住所と印鑑証

明書の住所を一致させてから登記申請をする必要があります。法務局は形式的に書面審査をするため、登記簿上の住所と印鑑証明書の住所が一致していないと同一人と判断しないのです。

　登記簿上の所有者の住所と印鑑証明書の住所に相違がある場合は、住所変更登記を先行して申請する必要があります。

　この場合、

　・贈与者の住民票又は戸籍の附票

が必要書類として追加されます。

 贈与の手続きの依頼を受けた場合に、税理士と司法書士とどちらが主体的に贈与契約書を作成するのでしょうか？

A　相続登記のための遺産分割協議書作成の場合と異なり、司法書士が主体的に贈与契約書を作成し、税理士に確認を求めることが多いと思われます。

　贈与契約書の記載内容はシンプルなので、ひな型から作成しやすいことが理由です。

 贈与登記の登録免許税はどのように計算するのでしょうか？

A　不動産登記の申請の際に、法務局では登録免許税の納付が必要となります。登録免許税は、以下のように計算します。

　・不動産の価額×２％＝贈与登記にかかる登録免許税

　※　不動産の価額とは、市区町村役場で発行している固定資産税の証明書におい

て、一般的に「本年度価格」「○○年度価格」又は「評価額」と表記されている価格であり、「固定資産税課税標準額」ではありません。登記申請時の価額を基準として算出します。

※　計算した額に100円未満の端数があるときはこれを切り捨てます。

　固定資産税の評価証明書で確認できれば良いのですが、見積もりに使用するだけならば固定資産税の納税通知書（納付書）の後ろに添付される固定資産税課税明細書でも確認をすることができます。

　登記申請の際には、固定資産評価証明書又は固定資産評価通知書が必要だと案内をする司法書士もいるでしょう。

※　固定資産評価通知書は無償で取得することができます。

 4-16　贈与登記の報酬の目安を教えてください。

A　平成30年1月に実施された日本司法書士会連合会のアンケート結果をご確認ください。

　「贈与を原因とする土地1筆及び建物1棟（固定資産評価額の合計1,000万円）の所有権移転登記手続の代理業務を受任し、登記原因証明情報（贈与契約書等）の作成及び登記申請の代理をした場合」を前提として、地域ごとのアンケート結果をまとめたものです。

　この図の見方には注意が必要です。税理士が依頼の起点となる場合は、依頼者が経営者や相続税対策が必要な富裕者層であることが想定されます。このアンケート結果は、その層を前提としていません。

　単純に平均値をとって司法書士報酬の案内をすると実際の相場とはずれてしまいます。実際には見積もりを取らないとわからない、あくまで参考額として依頼者には伝えるべきでしょう。

〔有効回答数：1,077〕

	低額者 10%の平均	全体の平均値	高額者 10%の平均
北海道地区	21,920 円	41,236 円	69,810 円
東北地区	24,646 円	41,219 円	79,372 円
関東地区	28,936 円	47,806 円	83,326 円
中部地区	28,942 円	45,070 円	76,466 円
近畿地区	29,129 円	54,505 円	85,484 円
中国地区	26,443 円	43,788 円	72,560 円
四国地区	29,714 円	44,064 円	69,450 円
九州地区	27,604 円	41,798 円	64,579 円

〈出典〉日本司法書士会連合会ホームページ「報酬アンケート結果（平成 30 年 1 月実施）」

※　とはいえ、報酬が 1 万円なのか 10 万円なのか 100 万円なのかを判別する基準
にはなると思います。通常の贈与登記の報酬で 10 万円を超えることは考えにく
いです。

 贈与登記を申請してから登記完了までの期間を教えて
ください。

A 　贈与登記を申請してから登記完了までは、管轄の法務局ごとにバラ
ツキがあります。法務局のホームページ中に、各庁の登記完了予定日とい
う項目があるので確認の上連絡すると良いでしょう。

　ホームページを確認する余裕がない場合は、1 週間から 1 週間半程度と
言っておけば一応の目安となるでしょう。

【司法書士との連携において注意すること】

　贈与登記についても司法書士は依頼者の本人確認・意思確認をする必要があります。片方の当事者だけでは足らず、贈与者及び受贈者ともに原則お会いした上で本人確認・意思確認をする必要があります。

　このことを、税理士から依頼者に伝えていただけると助かります。

　筆者の経験上、子供の知らないところで親から子への贈与の話が進んでいることも多いです。この場合において、子供には会わずに登記をしてほしいと言われたことが何度かあります。

　贈与者及び受贈者の両者の意思確認・本人確認ができないと登記の依頼を受けることはできません。ご注意ください。

●贈与登記の手続きにあたって、用意していただく必要のある書類

	書類名	取得先	確認
①	対象不動産の権利証（登記識別情報）	贈与者の自宅 金融機関の貸金庫等	☐
②	対象不動産の固定資産税の納税通知書（固定資産評価証明書又は固定資産評価通知があればなお良い）	贈与者の自宅又は不動産所在地の市区町村役場	☐
③	贈与者の印鑑証明書（3か月以内）	贈与者の住所地の市区町村役場	☐
④	受贈者の住民票	受贈者の住所地の市区町村役場	☐
⑤	登記簿上の住所と贈与者の印鑑証明書の住所が異なる場合には、贈与者の住民票又は戸籍の附票	贈与者の住所地の市区町村役場又は贈与者の本籍の市区町村役場	☐

（注）贈与者→贈与をする人　　受贈者→贈与を受ける人
　　　　上記全てを完璧に揃えることは難しいかもしれません。難しい場合は担当司法書士にご相談ください。

→依頼者様への配布資料として PDF（15 ページ）もご活用ください。
https://www.skattsei.co.jp/topics/zeirishi_touki/check

経営者個人名義の不動産を会社に売買する場合や、グループ企業間で不動産の売買をする場合など、税理士から不動産売買の提案をすることがあると思います。このように売買登記の依頼では、一定の範囲で税理士が窓口となるケースがあります。

税理士が窓口となった際に、司法書士に取りつなぐまでに依頼者から登記の必要書類の説明を求められた場合や登記手続きについて質問を受けた場合を想定して、以下のＱ＆Ａを取りまとめました。

※　第三者から不動産を購入する場合は、不動産業仲介業者が司法書士の手配をすることが多いです。このような税理士が関与しないような売買登記は本節では想定外としています。

 不動産の売買登記について、必要書類を教えてください。

 以下の書類が必要となります。

・対象不動産の権利証（登記識別情報）

・対象不動産の固定資産評価証明書

・売主の印鑑証明書（3か月以内）（売主が法人の場合は、法人の印鑑証明書（3か月以内））

・買主の住民票（買主が法人の場合は法人の登記簿（履歴事項証明書））

Q **4-19** 権利証と登記識別情報の違いを教えてください。

A 同じ意味です。詳細の議論や権利書・登記識別情報の具体例については、Q4-11 をご参照ください。

Q **4-20** 権利証（登記済書・登記識別情報）を紛失した場合に、売買登記をすることができますか？

A 権利証（登記済書・登記識別情報）は再発行することはできません。ただし、権利証（登記済書・登記識別情報）をなくしてしまった場合でも売買登記の申請をすることはできます。

　以下の3点いずれかの手続きが必要になります。

① 登記官による事前通知

　登記申請後、登記官から本人確認の必要な所有者にあてて登記申請の意思を確認する書面が発送（本人限定受取郵便）されます。これを受け取った所有者が2週間以内に、登記申請の内容が真実である旨の申出をして登記官に返送することで本人の関与を証明します。

② 司法書士による「本人確認情報」の提供

　司法書士が本人（今回ならば売主）と面談をし、本人であることを確認をすることで本人確認情報を作成し登記申請時に提出します。作成は有償であることが多く、金5万円前後が通常です。

③ 公証人による登記義務者であることの認証の提供

　公証人が本人と面談し本人（今回ならば売主）であることを確認した書面を作成します。②と同様に登記申請時に提出します。

どの方法を採用するかは担当司法書士とご相談ください。

　なお、第三者間の売買では、①登記官による事前通知を選択することは考えられません。売買代金の振り込みがあるのに、売主の裁量で登記手続きを妨害できる選択肢を取るべきでないからです。

　しかし、この節で前提にしているような経営者と経営者が支配する会社との間の売買、グループ企業間の売買では上記妨害のおそれが少ないので①を選択する司法書士もいるかもしれません。

 登記簿上の所有者の住所と印鑑証明書の住所に相違がある場合は、別に登記手続きが必要でしょうか？

　必要です。登記手続きの際には、売主の登記簿上の住所と印鑑証明書の住所を一致させてから登記申請をする必要があります。法務局は形式的に書面審査をするため、登記簿上の住所と印鑑証明書の住所が一致していないと同一人と判断しないのです。

　登記簿上の所有者の住所と印鑑証明書の住所に相違がある場合は、住所変更登記を先行して申請する必要があります。

　この場合、

・売主の住民票又は戸籍の附票

が必要書類として追加されます。

 売買の登記手続きの依頼を受けた場合に、税理士と司法書士とどちらが主体的に売買契約書を作成するのでしょうか？

Ａ　相続登記のための遺産分割協議書作成の場合と異なり、司法書士が

主体的に売買契約書を作成し、税理士に確認を求めることが多いと思われます。身内間の売買契約書の記載内容には特約もあまりなくシンプルなのでひな型から作成しやすいことが理由です。

 代表取締役の個人所有の不動産を会社に売却する場合などは、利益相反にあたることが多くあります。このような場合、登記手続き上の書類に変更がありますか？

A 会社法は、「会社が取締役の債務を連帯保証する場合や、取締役が自己又は第三者のために会社と取引をする場合など、取締役と会社との利益が相反する取引」のことを利益相反取引としています。

利益相反取引を行う場合は、取締役は、取締役会や株主総会等において当該取引を行うことについて承認を受ける必要があります。

代表取締役の個人所有の不動産を会社に売却する場合や、代表取締役が共通する法人の不動産を法人間で売買する場合は、まさにこの利益相反の代表例です。

利益相反取引を承認する取締役会議事録又は株主総会議事録の作成、及び会社の印鑑証明書や、会議に出席した役員の個人の印鑑証明書が登記の必要書類となります（不動産登記令第 19 条第 2 項）。

Q 4-24 売買登記の登録免許税はどのように計算するのでしょうか？

A 不動産登記の申請の際に法務局では登録免許税の納付が必要となります。登録免許税は、以下のように計算します。

＜土地＞

- 不動産の価額×1.5％＝売買登記にかかる登録免許税

  ※　租税特別措置法第72条による軽減税率を前提にしています。

  ※　不動産の価額とは、市区町村役場で発行している固定資産税の証明書において、一般的に「本年度価格」「○○年度価格」又は「評価額」と表記されている価格であり、「固定資産税課税標準額」ではありません。登記申請時の価額を基準として算出します。

  ※　計算した額に100円未満の端数があるときはこれを切り捨てます。

＜建物＞

- 不動産の価額×2％＝売買登記にかかる登録免許税

  ※　不動産の価額とは、市区町村役場で発行している固定資産税の証明書において、一般的に「本年度価格」「○○年度価格」又は「評価額」と表記されている価格であり、「固定資産税課税標準額」ではありません。登記申請時の価額を基準として算出します。

  ※　計算した額に100円未満の端数があるときはこれを切り捨てます。

　固定資産税の評価証明書で確認できれば良いのですが、見積もりに使用するだけならば固定資産税の納税通知書（納付書）の後ろに添付される固定資産税課税明細書でも確認をすることができます。

　登記申請の際には、固定資産評価証明書又は固定資産税評価通知書が必要だと案内をする司法書士もいるでしょう。

　※　固定資産評価通知書は無償で取得することができます。

　なお、個人が一定の要件を満たす住宅用家屋を購入した場合には、市区町村長などが発行する証明書を添付して、購入から1年以内に所有権の移転の登記を受けるものに限り、その要件に応じ、税率が軽減されます（租税特別措置法を参照）。

　本節では住宅用の家屋を購入するケースを前提としていませんので、詳細は割愛します。

 **4-25** 売買登記の報酬の目安を教えてください。

A 平成 30 年 1 月に実施された日本司法書士会連合会のアンケート結果をご確認ください。

「売買を原因とする土地 1 筆及び建物 1 棟（固定資産評価額の合計 1,000万円）の所有権移転登記手続の代理業務を受任し、登記原因証明情報（売買契約書等）の作成及び登記申請の代理をした場合」を前提として地域ごとのアンケート結果をまとめたものです。

この図の見方には注意が必要です。税理士が依頼の起点となる場合は、依頼者が会社経営者であることが想定されます。このアンケート結果は、その層を前提としていません。また、先に記載をした利益相反承認の会社議事録の作成も前提としていません。単純に平均値をとって司法書士報酬

〔有効回答数：1,091〕

	低額者 10％の平均	全体の平均値	高額者 10％の平均
北海道地区	22,320 円	42,999 円	70,527 円
東北地区	27,901 円	42,585 円	77,483 円
関東地区	31,105 円	51,909 円	83,795 円
中部地区	32,131 円	51,065 円	89,414 円
近畿地区	36,042 円	64,090 円	114,279 円
中国地区	28,897 円	48,035 円	79,344 円
四国地区	30,380 円	51,369 円	77,528 円
九州地区	27,672 円	45,729 円	74,880 円

〈出典〉日本司法書士会連合会ホームページ「報酬アンケート結果（平成 30 年 1 月実施）」

の案内をすると実際の相場とはずれてしまいます。実際には見積もりを取らないとわからない、あくまで参考額として依頼者には伝えるべきでしょう。

※　とは言え、報酬が 1 万円なのか 10 万円なのか 100 万円なのかを判別する基準にはなると思います。通常の売買登記の報酬で 30 万円を超えることは考えにくいです。

 売買登記を申請してから登記完了までの期間を教えてください。

A 売買登記を申請してから登記完了までは、管轄の法務局ごとにバラツキがあります。法務局のホームページ中に、各庁の登記完了予定日という項目があるので確認の上連絡すると良いでしょう。

ホームページを確認する余裕がない場合は、1 週間から 1 週間半程度と言っておけば一応の目安となるでしょう。

 【司法書士との連携において注意すること】

　税理士と司法書士が連携して行う売買登記は、利益相反取引にあたる場合が多いです。代表取締役と会社との間での不動産売買やグループ企業間での不動産売買を共同で受託するケースが主流だからです。

　この際、株主総会又は取締役会の利益相反取引に対する承認が必要となります。役員や会社の印鑑証明書が登記手続き上必要書類となります。事前に注意喚起をしておくと依頼者には親切でしょう。

● 依頼者様用 〜必要書類のご案内〜

●売買登記の手続きにあたって、用意していただく必要のある書類

	書類名	取得先	確認
①	対象不動産の権利証（登記識別情報）	売主の自宅 金融機関の貸金庫等	☐
②	対象不動産の固定資産税の納税通知書（固定資産評価証明書又は固定資産評価通知があればなお良い）	売主の自宅又は不動産所在地の市区町村役場	☐
③	売主の印鑑証明書（3か月以内） ※ 売主が法人の場合は、法人の印鑑証明書（3か月以内）	売主の住所地の市区町村役場又は法務局	☐
④	買主の住民票 ※ 買主が法人の場合は、法人の登記簿（履歴事項証明書）	買主の住所地の市区町村役場又は法務局	☐
⑤	登記簿上の住所と売主の印鑑証明書の住所が異なる場合は、売主の住民票又は戸籍の附票	売主の住所地の市区町村役場又は贈与者の本籍の市区町村役場	☐
⑥	[利益相反取引にあたる場合] ・法人の印鑑証明書（③と被る場合は不要） ・利益相反を承認する会議に出席した役員の個人の印鑑証明書 ・利益相反取引を承認する株主総会議事録又は取締役会議事録（通常は司法書士が作成）	法務局 役員の住所地の市区町村役場	☐

（注）上記全てを完璧に揃えることは難しいかもしれません。難しい場合は担当司法書士にご相談ください。

→依頼者様への配布資料として PDF（16 ページ）もご活用ください。
https://www.skattsei.co.jp/topics/zeirishi_touki/check

第5章

成年後見編

顧問先の社長の判断能力に疑いを覚えた場合や、相続税申告の依頼を受けている中で相続人の判断能力が十分でないと感じた場合など、税理士が起点となって司法書士が成年後見開始の申立ての相談を受ける場合があります。

　税理士自身が後見人に就任するケースも増えてきているものの、成年後見制度は税理士にとってまだまだ馴染みの薄い制度であると思われます。

　第5章では、成年後見開始の申立てに関して税理士や税理士事務所職員からよくいただく質問とその回答を、以下のQ&Aにまとめました。

成年後見制度について簡潔に教えてください。

A　成年後見制度とは認知症、知的障害、精神障害、発達障害などによって物事を判断する能力が十分ではない方（ここでは「本人」と言います）について、本人の権利を守る援助者（「成年後見人」等）を選ぶことで、本人を法律的に支援する制度のことを言います。成年後見制度には任意後見制度と法定後見制度の2種類があります。

　任意後見制度と法定後見制度については、以下の解説と図表をご確認ください。

---

① 任意後見制度

　本人に十分な判断能力があるうちに、判断能力が低下した場合には、あらかじめ本人自らが選んだ人（任意後見人）に、代わりにしてもらいたいことを契約（任意後見契約）で決めておく制度です。

　任意後見契約は、公証人の作成する公正証書によって結ぶものとされていますので、契約手続は公証役場において行います。

本人の判断能力が低下した場合に、家庭裁判所で任意後見監督人が選任されて初めて任意後見契約の効力が生じます。この手続を申し立てることができるのは、本人やその配偶者、四親等内の親族、任意後見受任者などです。

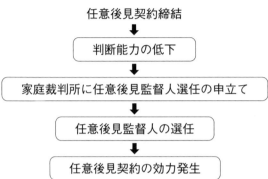

② 　法定後見制度

　本人の判断能力が不十分になった後、家庭裁判所によって、成年後見人等が選ばれる制度です。本人の判断能力に応じて、「補助」「保佐」「後見」の３つの制度が用意されています。

【法定後見制度の３種類】

	補助	保佐	後見
対象となる方	判断能力が不十分な方	判断能力が著しく不十分な方	判断能力が全くない方
成年後見人等が同意又は取り消すことができる行為（注１）	申立てにより裁判所が定める行為（注２）	借金、相続の承認など、民法13条1項記載の行為のほか、申立てにより裁判所が定める行為	原則としてすべての法律行為
成年後見人等が代理することができる行為（注３）	申立てにより裁判所が定める行為	申立てにより裁判所が定める行為	原則としてすべての法律行為

（注１）　成年後見人等が取り消すことができる行為には、日常生活に関する行為（日用品の購入など）は含まれません。

（注２）　民法13条１項記載の行為（借金、相続の承認や放棄、訴訟行為、新築や増改築など）の一部に限ります。

（注３）　本人の居住用不動産の処分については、家庭裁判所の許可が必要となります。

※　補助開始の審判、補助人に同意権・代理権を与える審判、保佐人に代理権を与える審判をする場合には、本人の同意が必要です。

〈出典〉最高裁判所事務総局家庭局「成年後見制度における鑑定書作成の手引」（一部改変）

 成年後見開始の申立てにあたって、家庭裁判所に提出する必要書類・必要情報を教えてください。

Ａ　最も申立て件数の多い、法定後見制度のうち、後見について必要書類・必要情報を示します。

　　＜必要書類＞※　物事を判断する能力が十分ではない方＝本人

・本人の戸籍謄本（全部事項証明書）（３か月以内）

・本人の住民票又は戸籍の附票（３か月以内）

・本人の登記されていないことの証明書

　　　→東京法務局後見登録課又は全国の法務局・地方法務局の本局の戸籍課で取得します。

・成年後見人候補者の住民票又は戸籍の附票（３か月以内）

・本人の診断書・本人情報シート（家庭裁判所が定める様式のもの）

　　　→最高裁判所ホームページより「成年後見制度における診断書作成の手引・本人情報シート作成の手引」をダウンロードしてください。医師に記載してもらう必要があります。

・本人の財産に関する資料（不動産登記簿（履歴事項証明書）（未登記の場

合は固定資産評価証明書)、預貯金及び有価証券の残高がわかる書類(通帳写し、残高証明書等)、保険証書のコピー等)

- 本人の収入を示す資料のコピー(年金・手当額通知書、確定申告書、給与明細書、配当金支払明細書等のコピー)
- 本人の支出に関する資料のコピー(医療費や施設費の領収書(最低限直近1か月分)、税金・社会保険の通知書(納付指示書)、請求書等のコピー)

＜必要情報＞

以下の立場の方々から、後見に関する申立書式を作成するのに必要な情報をヒアリングします。

- 本人
- 本人の推定相続人
- ソーシャルワーカー(社会福祉士、精神保健福祉士等)として本人の支援に関わっている方(介護支援専門員、相談支援専門員、病院・施設の相談員、市町村が設置する地域包括支援センターや、社会福祉協議会等が運営する権利擁護支援センターの職員等)

多岐にわたるため、詳細は担当司法書士にご確認ください。

成年後見開始の申立てにあたり、実費はどのように計算するのでしょうか?

 実費は以下のとおりです。

- 収入印紙:3,400円
- 切手:3,000円～5,000円程度(各裁判所によって異なります)
- 必要資料の中に掲げた戸籍謄本や住民票などの取得費用(数千円程度)

・鑑定が必要な場合の鑑定費用 10 万円前後（実際に鑑定が行われるのは全体の約 1 割と言われています。この費用がかかることはレアケースです）

合計 1 万円前後であることが多いです（鑑定費用を除く）。

Q 5-4　成年後見開始の申立ての司法書士報酬の目安を教えてください。

A　平成 30 年 1 月に実施された日本司法書士会連合会のアンケート結果の中には、成年後見開始の申立ての報酬についてのデータが掲載されていません。

　筆者自身の経験則と複数の司法書士のインターネットのホームページを閲覧した結果として、9 万円〜20 万円程度と推測します。詳細は担当司法書士にご確認ください。

Q 5-5　成年後見開始の申立てをする家庭裁判所の管轄を教えてください。

A　本人（後見開始の審判を受ける者）の住所地を管轄する家庭裁判所に申立てをする必要があります。

5-6 成年後見開始の申立てをすることができる資格を教えてください。

 本人（後見開始の審判を受ける者）、配偶者、四親等内の親族などが代表例です。

Q 5-7 どのような人が成年後見人に選任されるのでしょうか？

A 家庭裁判所は、本人のためにどのような保護・支援が必要かなどの事情を考慮して、成年後見人を選任します。親族以外の第三者である弁護士、司法書士、社会福祉士が専門職として成年後見人に選任されることが多いです。この点、税理士が専門職として選任された実績はわずか0.2％です（厚生労働省「成年後見人等と本人との関係別件数（令和3年）」より（この比率は初版の執筆時に引用した平成30年のデータから変わっていません））。

　税理士は、財産管理の専門家でもありますので、成年後見人に向いた職業だと筆者は考えています。後見人に選任される税理士の比率は将来的には増えていくと予想しています。

　このような専門職だけでなく、本人の親族も成年後見人に選任されることがあります。ただし、本人の財産管理や身上監護について親族間に対立があり、トラブルになることが予想されるような場合には、親族は後見人に選任されません。

【成年後見人等と本人との関係別件数（令和3年）】

○ 成年後見人等と本人の関係については、親族（配偶者、親、子、兄弟姉妹及びその他親族）が成年後見人等に選任されたものが 7,852 件（全体の約 19.8%）、親族以外の第三者が選任されたものが 31,719 件（全体の約 80.2%）となっている。

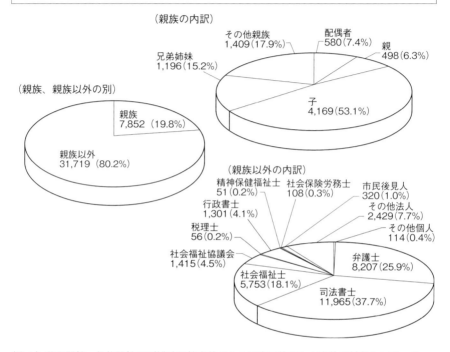

（注1）後見開始、保佐開始及び補助開始事件のうち認容で終局した事件を対象としている。
（注2）「その他親族」とは、配偶者、親、子及び兄弟姉妹を除く親族をいう。

〈出典〉厚生労働省ホームページ「成年後見制度の利用の促進に関する施策の実施の状況（令和4年8月）」

【司法書士との連携において注意すること】

　顧問先の社長の判断能力が低下している疑いを覚えた場合や、相続税申告の依頼を受けている中で相続人の判断能力が十分ではないと感じた場合などに、成年後見開始の申立てをする必要性がありえることをまず認識していただきたいです。

　特に、相続人の中に認知症の疑いがある方がいる場合は、必ず司法書士にその旨を事前に知らせてください。認知症の方が遺産分割協議の当事者となる場合、司法書士は登記申請の依頼を受けることができない可能性が出てきます。

　依頼者から、税理士が OK を出しているのに、なぜ司法書士は依頼を受けることができないのか問われると回答に窮します。

●成年後見開始の申立てにあたって、用意していただく必要のある書類

	書類名	取得先	確認
①	本人の戸籍謄本（全部事項証明書）（3か月以内） ※ 認知症、知的障害、精神障害、発達障害などによって物事を判断する能力が十分ではない方をここでは「本人」と言います。	本人の本籍地の市区町村役場	☐
②	本人の住民票又は戸籍の附票（3か月以内）	住民票は、住所地の市区町村役場 戸籍の附票は本籍地の市区町村役場	☐
③	本人の登記されていないことの証明書 ⇒成年後見開始の申立てに使用することを法務局に伝えて取得してください。 委任状により司法書士が取得することもできます。	東京法務局後見登録課又は全国の法務局・地方法務局の本局の戸籍課	☐
④	成年後見人候補者の住民票又は戸籍の附票（3か月以内）	住民票は、住所地の市区町村役場 戸籍の附票は本籍地の市区町村役場	☐
⑤	本人の診断書・本人情報シート（家庭裁判所が定める様式のもの）	最高裁判所ホームページより「成年後見制度における診断書作成の手引・本人情報シート作成の手引」をダウンロードしてください。医師に記載してもらう必要があります。	☐

⑥	本人の財産に関する資料（不動産登記簿（履歴事項証明書）（未登記の場合は固定資産評価証明書）、預貯金及び有価証券の残高がわかる書類（通帳写し、残高証明書等）、保険証書のコピー等）	―	☐
⑦	本人の収入を示す資料のコピー（年金・手当額通知書、確定申告書、給与明細書、配当金支払明細書等のコピー）	―	☐
⑧	本人の支出に関する資料のコピー（医療費や施設費の領収書（最低限直近1か月分）、税金・社会保険の通知書（納付指示書）、請求書等のコピー）	―	☐

（注）上記全てを完璧に揃えることは難しいかもしれません。難しい場合は担当司法書士にご相談ください。

→依頼者様への配布資料としてPDF（17～18ページ）もご活用ください。
https://www.skattsei.co.jp/topics/zeirishi_touki/check

成年後見人の報酬をめぐる問題

　成年後見人は、その事務の内容に応じて、被後見人の財産の中から報酬を受け取ることができます。その報酬の額については、裁判官が個々の事案の実情を総合考慮して、裁量で決定します。

　東京家庭裁判所は、成年後見人等の報酬額の「目安」として以下の基準を示しています。

　成年後見人が、通常の後見事務を行った場合の報酬（これを「基本報酬」と呼びます）は、月額2万円です。

　ただし、管理財産額（預貯金及び有価証券等の流動資産の合計額）が高額な場合には、財産管理事務が複雑、困難になる場合が多いので、管理財産額が1,000万円を超え5,000万円以下の場合には基本報酬額を月額3万円〜4万円、管理財産額が5,000万円を超える場合には基本報酬額を月額5万円〜6万円としています。

　この運用に対して、制度の利用者や親族からは「見知らぬ専門職に高い報酬の支払いを強要されている」との反発が上がっています。一方、実際には管理する財産が少額でも、福祉サービスの締結や居住環境の整備を必要としたり、親族間に対立があったりするなど、後見人の業務量が多いケースもあり、司法書士などの専門家からは「報酬額に実際の業務量が反映されていない」との主張も出ています。

　このような状況のもと、後見制度を運用する最高裁判所は、「新たな後見報酬算定に向けた考え方（案）」に基づき利用者が後見人に支払う報酬の算定方法を改定するよう促す通知を全国の家庭裁判所に出しました。財産額に応じた報酬となっている現状に批判があることを踏まえ、後見報酬の見直しを進めるものです。

具体的には、業務の難易度により金額を調整する方法に改め、介護や福祉サービスの契約といった日常生活の支援に対する報酬を手厚くすることになります。

　成年後見人等の報酬額は、現在変革期を迎えています。

〈著者紹介〉

丸山 洋一郎（まるやま よういちろう）

司法書士法人丸山洋一郎事務所　代表

・著作：『事業承継・相続対策に役立つ 家族信託の活用事例』（共著、清文社）

　　　　『不動産登記と法律実務―登記官のチェックポイント―』（共著、新日本法規）

　　　　「夫婦財産契約の登記と司法書士の未来」『司法書士論叢 第115号』日本司法書士会連合会

　　　　「ベンチャー企業と司法書士：挑戦者の想いに向き合いながら」『市民と法 №117』民事法研究会

新版／一問一答 税理士が知っておきたい登記手続き

2022年12月12日　発行

著　者　　丸山 洋一郎 ⓒ

発行者　　小泉 定裕

発行所　　株式会社 清文社
東京都文京区小石川1丁目3-25（小石川大国ビル）
〒112-0002　電話03（4332）1375　FAX03（4332）1376
大阪市北区天神橋2丁目北2-6（大和南森町ビル）
〒530-0041　電話06（6135）4050　FAX06（6135）4059
URL https://www.skattsei.co.jp/

印刷：亜細亜印刷㈱

ISBN978-4-433-75442-6